废品
生活

垃圾场的经济、
社群与空间

胡嘉明 张劼颖 —— 著

生活·讀書·新知 三联书店　生活书店 出版有限公司

Simplified Chinese Copyright © 2020 by Life Bookstore Publishing Co., Ltd.
All Rights Reserved.

本作品简体中文版权由生活书店出版有限公司所有。
未经许可，不得翻印。

废品生活：垃圾场的经济、社群与空间
©香港中文大学 2016
本书由香港中文大学出版社授权出版，本版限在中国内地发行

图书在版编目（CIP）数据

废品生活：垃圾场的经济、社群与空间 / 胡嘉明，
张劼颖著. —北京：生活书店出版有限公司，2020.1
ISBN 978-7-80768-307-0

Ⅰ.①废⋯ Ⅱ.①胡⋯ ②张⋯ Ⅲ.①废品回收
Ⅳ.①F713.2

中国版本图书馆CIP数据核字(2019)第181732号

责任编辑	李方晴
装帧设计	罗　洪
责任印制	常宁强
出版发行	**生活書店**出版有限公司
	（北京市东城区美术馆东街22号）
邮　　编	100010
图　　字	01-2019-6648
经　　销	新华书店
印　　刷	北京顶佳世纪印刷有限公司
版　　次	2020年1月北京第1版
	2020年1月北京第1次印刷
开　　本	880毫米×1092毫米　1/32　印张7
字　　数	120千字　图10幅
印　　数	0,001-5,000册
定　　价	38.00元

（印装查询：010-64052066；邮购查询：010-84010542）

目 录

中文简体版序 / 1

导言　废品的政治与文化 / 7

I
城市采矿人
废品回收作为非正式经济 / 31

1. 回首跌宕京漂路
一个女收废品人的口述创业史 / 45

2. 低端企业家
北京收垃圾，老家拾尊严 / 58

3. 底层的生存策略
从"超生游击队"到"黑心小作坊" / 69

II
垃圾场上的家园
拾荒社群的组装家庭和想象的老家 / 81

4. 拾荒父子
离愁与创业梦 / 99

5. 年轻的母亲
垃圾场上育儿的苦与乐 / 115

6. 拾荒第二代
垃圾大院"回娘家" / 124

7. "这就叫自由"
拾荒者中的"老北京" / 137

III
废品的空间
城乡接合部 / 151

8. 冷水村的引路人
连接城乡的黑车师傅 / 172

9. 老乡邻居交错相逢
装修父子的教育梦 / 187

10. 垃圾场上的高跟鞋
时尚、尊严与母爱 / 200

结语　废品生活 / 211

参考文献 / 215

中文简体版序

距离最初在冷水村开展田野工作,已十年有余。十年来,无论是城市空间、冷水村,还是废品行业、其从业者,乃至我们自己,都发生了很多的变化。

就个人而言,十年前,社会世界那些幽暗的、不为人所关注的边缘,强烈地吸引着我。凭着好奇心和一种冲动,展开了这本书的田野。这成为我社会学职业旅程的开端。如今初为人母,做起田野来已经没有了当年的勇猛,却也更加可以理解"垃圾场上育儿"的年轻妈妈们的想法和做法,体会她们的艰辛困顿。女性经验再一次地将我们紧紧连在一起。一些拾荒家庭因为户口壁垒,加之生计所迫,一再面临亲子分离,孩子不可避免地成为留守儿童。说起这些,仍感痛心。不过,我愿意不厌其烦一再表达的是,在这本书当中,我们并不试图寻找最大受害者，不希望把拾荒者塑造成一个最卑贱、底层、被侮辱与损害的群体，进而仅仅为了告诉你一个故事——他们有多悲惨。作为社会科学研究，一方面，我们试图呈现这个群体的丰富性和多元性。我们不愿意把他们变成中产阶级观看和怜悯的对象，而是把他们放在主体的位置上，用"主体间"的方式去观察、去讲述。更愿意告诉读者的故事是，他们与我们紧密相关，"他们"就是"我们"。另一方面，"主体间"的视角并不意味着取消反思性与批判性。社会科学研究试图从社会结构的角度去理解这个群体，去分析、去批评为什么这个群体被剥夺，不公正何以发生。

这些年来，我们的城市不断经历空间改造、功能重组、产业升级与正规化，随之而来的是低端人口出局、废品行业紧缩。与此同时，伴随着垃圾分类的高歌猛进，垃圾议题也日渐显著。十年前，垃圾不过是我们不假思索、随手扔掉的废弃之物，没人在乎它们去了哪里、发生了什么、由谁来负责。有关垃圾的研究显得另类，这本书的书稿也因为不合时宜而难见天日。今天，垃圾已经在我们的日常生活中非常显眼。你可以反感或者厌恶，却很难摆脱掉它。你没法轻易地视而不见。

或者说，我们终于发现了这一事实：垃圾确实无处不在。

或许，正应该感谢垃圾，它作为一种标志、一个节点，让我们注意到人类所处其中的巨大的物质网络。所有人、动物、植物、技术、商品、垃圾、空气、海洋，万物皆相关联。这正是本书讲述的故事。我在北京二环用手机点一份外卖，不到24小时，废弃的饭盒就到了五环外的一个年轻拾荒者手上。现在，同一个垃圾袋里还有我女儿的玩具部件，它混合着金属、塑料和两节一次性干电池。年轻人的儿子在垃圾山中发现并继续玩耍这玩具。再造后，这些垃圾又变成了手机APP上售卖的廉价塑胶小黄鸭，被我买回家给女儿，隐隐地散发着古怪的气味。没能再造的垃圾最终被送进焚烧炉，和其他垃圾在850度的烈焰当中燃烧、化合，最后化为一缕烟尘。一阵北风刮来，被我吸回体内。所以，当上海大妈问"你是什么垃圾"的时候，别笑，垃圾确实是我们的一部分。

令人欣慰的是，我注意到，开始有城市规划者、新闻媒体、环保者乃至企业追问：在垃圾分类大潮中，拾荒者的角色是什么、功能是什么？他们受到了什么样的冲击？他们可以做什么？我们又可以为他们做什么？要回答这些问题，需要调查垃圾当中不同物质的循环和回收机制，调查废品行业的运作方式及其从业者的现实处境、想法。这些都需要更多在地的、细致的、实证的社会科学调查研究，需要到田野中进行观察，需要与现实的从业者对话。

同样地，垃圾分类问题本身也需要社会科学的实证研究。垃圾分类研究不能流于简单的臆想或者重复"提高居民素质、加强环保教育"之类的陈词滥调。社会科学有责任给大众提供一种全新的看待垃圾的眼光，讲述一个完整的关于"物的社会生命"的故事。在这样的故事中，垃圾分类的信息不再是刻板的、截断的、碎片的、强制灌输的。在这样的故事中，公众得以获知垃圾的来龙去脉，垃圾究竟是什么，它如何产生、会到哪儿去、在何种意义上构成了严峻的社会/环境问题；为什么要垃圾分类，尤其是，为什么要这样分类，其合理性是什么，又存在哪些不合理之处。社会科学提供这样的知识，公众基于这些知识重新理解自身与垃圾的关系，对于垃圾分类做出自己的判断，进而形成新的常识、新的实践。

最后，作为结束，回到个人经验。在哺育一个新生命的过程中，我见识了新世代的人类所面临的前所未有的物质盛宴——从尚未出生开始，生活和身体，几乎没有什么细微的方面不被开发为消费的领域，没有什么不是被消费所充斥、所裹挟。我要感谢随之而来的大量垃圾。它们的存在，就像不断发出蜂鸣的报警器一样令人不安。如果说，多年的垃圾研究使我产生了什么改变，那就是，让我可以对这种无限量供应的快乐保持一种警觉。问题是，如果想要改变，我还能做什么。要在这样的经济和生活系统当中突围，并不容易。社会学的启示是，一方面，让我们认识结构的规制性的作用；另一方面，让我们相信个人的能动性的力量。正因此，我仍然保有勇气，尝试不断地在个人的经验与实践当中反思、突破、创造。与读者共勉。

张劼颖

2019年9月29日

导　言
废品的政治与文化

"垃圾围城"

没有人喜欢垃圾。垃圾肮脏，而且是"没用"的！不是吗？没有人喜欢肮脏而且没用的东西。城市生活处处光鲜亮丽，整洁如新。在公司、学校、住宅楼、大商场里，清洁工会随时扫去脏东西，把垃圾丢藏在最隐蔽处。其实，我们在城市里大量消费，也大量丢弃——消费会带来快感，扔东西也是种乐趣。拆开新的商品，把包装扔掉；吃不完的饭菜，可以倒掉；东西多了、旧了、不想要了，可以丢掉。现代都市人，谁不能领会"喜新厌旧"的要义？种种消费的增长，同时导致垃圾以爆炸性的速度激增。

中国过去二三十年迅速发展，造就了惊人的经济奇迹，工业化和都市化的双重作用，加速了城市规模扩张及城市人口膨胀；城镇居民急速追赶西方发达国家的消费主义，衣食住行日新月异，消费品不断推陈出新，耐用品也大大减短了寿命。在"保八"（保持国民经济生产总值的增长率在8%以上）、"电器下乡"（把电器消费品推广到农村）、"结婚要有房又有车"等语境下，更多的消费品被生产出来；抛弃更多为了消费更多，似乎已经成为一个不可逆转的现象。同时，这个过程也催生了大量的废弃物。各地政府尽管不断加建垃圾处理设施，其速度却始终追不上城市生活垃圾的增速，造成"垃圾围城"之局面。为了应对这个困局，多地政府提出兴建垃圾焚化炉，又遭到民众的强烈反对，环境维权运动如雨后春笋般层出不穷。简而言之，当代中国在享受经济高速增长的同时，已经泥足深陷于垃圾之战。

在正规的垃圾处理体系之外，每个城市还有一个群体，天天与废品或垃圾打交道。他们寄居在城市的边缘，垃圾成了他们的生产资料，成了他们在城市建立生活、获取收入的资源。他们就是人们常说的拾荒者、废品收购者，或"收破烂儿的""捡破烂儿的"。他们在城市里似乎既是无处不在的，又是"隐形"的——我们习惯了他们居于城市的角落，隐约知道他们在垃圾或废品中劳作，但几乎对这个群体一无所知，我们不想了解他们，甚至有意地忽略他们。

本研究的目的，是了解这个每天帮助城市排废却不受关注的群体，从废品经济和空间的角度，重新审视中国的城市化。本书所研究的冷水村，位于北京六环外的一个"城乡接合部"（本书第三部分将详细解释这一空间），里面有许多大大小小的收废品院落，这些院落既是储存、处理废品的场所，同时也是废品从业者的家园、厨房、休闲场所，以及他们的小孩的游乐场。冷水村只是当今盛世中国的庞大垃圾经济的冰山一角，但非常具有代表性——城市垃圾被运往城乡接合部处理，污染物被尽量外移；废品回收群体将垃圾以自己的方法处理、再循环，他们自己也在城市的边缘谋生。

收废品者在当代中国是一种双重的污染符号——他们不但是城市的外来人口、农民工，同时又很脏，有点神秘甚至危险。因为每天与垃圾这种肮脏的物质打交道，他们被再度污名化。可以说，如果农民工是城市居民的"他者"，废品从业者便是所有现代城市人的"双重他者"。研究当代中国的收废品群体，能帮助我们了解这个在城市化过程中一直维持着"非农非城"的边缘性身份的群体，以及我们每天的消费行为和这个群体之间千丝万缕的联系。

本书希望把这个社会建构的自我和他者重新联系在一起。

通过审视废品、废品经济、收废品人，我们尝试重新看待这个城市的消费与浪费，重新理解废品回收经济和空间如何与我们息息相关。与其说我们对所谓"边缘的""贫穷的"捡破烂儿人群感兴趣，不如说我们希望解构这些二元的建构，通过了解废品从业者的工作和生存空间，进一步认识我们的城市成员、城市化，以及中国特有的现代性问题。

反思废品的文化意义与物质性

垃圾——在通常的理解当中，完全是死物、废物，是无用的。但如人类学家玛丽·道格拉斯（Mary Douglas）早在其20世纪60年代的著作《纯洁与危险》（*Purity and Danger*）中指出的，不洁物（dirt）在每个社会，不论现代还是原始，都是相对性的，而且是相当重要的社会文化符号。她指出，人们认知不洁物，不在于它本质上就是肮脏的，而在于它的暧昧、不可界定、不确定，也在于它安排和界定着一个社会中什么是对与错，什么是神圣（sacred），什么是凡俗（profane）……有研究者指出，垃圾处于一个"被抽干意义的异化的物的世界"，而正是社会和文化赋予其"可被丢弃的"、没有意义和价值的属性（Kennedy，2007）。由此，审视污染物（pollution）的社会意义不在于研究它的内在性，而在于它的暧昧性（ambiguity）及它与我们社会系统中其他"物"的关联；在于研究我们如何追求一套新的卫生标准，如何追求在一个习惯用完即弃的社会（disposable society）对待本来"有用"之物（Harvey, 1991）。

文化理论家齐格蒙特·鲍曼（Zygmunt Bauman）称垃圾处理者为"现代社会里的无名英雄，日复一日地更新和突出正常与病态，健康和疾病，想要的和不想要的，接受的和丢弃的，应该的和不应该的，人类宇宙空间的内在和外在的边界"（2006: 21—22）。换言之，垃圾处理者每天的劳动不但是帮我们的城市排污，减少堆填区的负担和垃圾焚烧所排出的污染物；他们主要的贡献，是防止因为"有用"和"没用"的界限模糊而可能产生的混乱。试想，如果垃圾在我们的住宅区堆积如山，如果废弃物让本来光鲜洁净的消费场所臭气熏天，将会是怎样令人难以忍受的场景？在这个意义上，收废品者和清洁工人为社会生活的正常运作做出贡献，日复一日地维护着日常生活中"物"的秩序，默默地拿走不正常的、病态的、不想要的物质，维持着一个社会的"正常规范"（social norms），也就是一个社会"应该有的样子"——这是如此正常，以至于我们以为事情本该如此。在现实生活中，正是这些背负着双重污名的收废品人,为资源回收再利用和环保做了莫大的贡献。也可以说,他们直接维持着中国现代性光洁的那一面,不让垃圾充斥和呈现在我们的视野里,不让我们哪怕有一刻怀疑经济发展,看见肮脏、浪费的那一面。

在中文的文献中,对来自农村的拾荒者的研究,大多将其视为当今中国城市化过程中,城市管理所面临的一个"社会问题";换句话说,将这个群体视为难以有效纳入管理的一群人(张登国,2007;赵泽洪等,2005)。这个角度跟国外的研究不谋而合。中国以外关于收废品人的研究,同样侧重发展中国家里城市管理所面临的问题:城市的高速发展,远远超过原来的废品处理承受力,大量都市废品的产出和处理需求,又吸引人口众多但没有特别技能的农民转移至城市。这些城市农民工通过捡收和转售垃圾,脱离农村、进入城市谋生;废品回收成为一个主要的非正式经济[①]圈,不但解决了垃圾围城的问题,也同时给众多农民工提供了谋生机会

[①] "非正式经济"(informal economy)是指政府和正规资本都不介入的经济领域。政府不介入是因为它不属政府认为应该提供的服务,而政府要管理这些活动又成本太高;正规资本不介入是因为利润太低,由于无法集约生产,成本太高。这样便造就了约定俗成的各种非正式行业或非正式经济活动,比如部分的家庭保姆、个体工匠、流动摊贩、手工作坊、山寨厂等等,从业者是在当前的社会情境下,一种在法律边缘和强大需求之间被催生的经济活动从业群体。

(Wilson, Veils and Cheesman, 2006)。在部分亚洲和拉丁美洲国家，收废品人甚至占城市总人口的2%，而且废品经济也是非正式经济活动之中最重要的项目（Medina, 2007）。但这个远离政府规管的非正式经济，也同时衍生出很多关涉环境卫生、工作安全、社会歧视、贫民窟甚至童工的问题。事实上，收废品人的工作和居住环境恶劣，经常要处理医药废品和工业领域的尖锐废品；废品所流出来的污水，又是他们生活的一部分（Sasaki et al., 2014）。

很多发展学的研究者都带着同情的眼光，强调这个群体的"边缘性"，探讨这个群体在其所移居的城市中的底层、边缘、弱势、草根的地位，以及与当地居民的冲突性关系，呼吁一种对他们的尊重和生活、工作条件的改善（陈岳鹏、刘开明，2007；孟祥远、吴炜，2012；张上翔，2007）。也有研究倾向于确认这个群体的工作，认为从环境保护、资源利用和可持续发展的角度看，这个群体做出了贡献，尤其是他们的回收行为，产生了预料之外但不容忽视的经济贡献（葛蓓蓓，2010；郭素荣、陈宗团，2000；陶友之，2007；周燕芳、熊惠波，2011）。国内外的研究都承认，收废品是农民工在城市谋生的一种策略，但未必能让他们在城市里脱贫。而且，无论在中国、印度尼西亚、菲律宾、印度或南美洲国家，收废品人的性别、年龄、来源地、种姓、种族差别，都在他们之间构成层层的雇佣等级、权力关系，甚至矛盾冲突，使他们难以团结，也难以被纳入常规经济（Adama，2014; Hayami et al., 2006; Sasaki and Araki, 2013）。在巴西也有研究发现，妇女收废品人通过组织合作社，来申明她们的工人和公民身份，并以公共教育的方式提高公众对收废品群体的认知（Machado-Borges，2010）。

此外，国内外的社会学家已经对拾荒人和收废品者做出了很多细腻复杂的书写，探索小区内部的生活以及复杂的关系网络，尤其是这个群体的"社群性"问题。申恒胜（2013）注意到这个外界看起来封闭的社群内部，具有多重复杂的关系，包括老乡之间的"帮带"关系，以及同行之间基于资源的竞争关系。陈伟东和李雪萍（2002）观察到，在湖北的一个拾荒群体，具有自发的秩序，形成了一种具有多重契约关系的"自治共同体"，为了更好地跟外部的政府机构和所在小区互动，甚至成立了"破烂儿王党支部"。周大鸣和李翠玲分析了拾荒者的主要工作内容和收入组成，指出工伤和病痛在拾荒者当中十分常见，无论是拾荒者还是其子女，社会资源都非常匮乏（2008）。他们还观察到，广州的拾荒者一方面把乡村的网络关系以及生活方式，带到了新移入城市当中的拾荒聚落；另一方面，这个聚落又兼具城市生活的各种特征；此外，这个聚落还维持着相对活跃的公共生活（2007b）。垃圾场具有一种"空间政治"属性，其中有多重的"关系丛"发挥着作用，它们包括国家、老板、拾荒者，以及所在地居民等多种行动者的复杂关系（2007a）。

《废品生活》跟这些社会学研究的取向类似，都强调进入拾荒社群的内部，而不仅仅是从外部或自上而下地，把这个群体简单地当成麻烦的制造者或者同情的对象。但我们侧重的，不仅仅是都市发展产生的社会不平衡、经济不平等，因为这个角度还是把"垃圾"或"废品"当作一种底层农民工的生产资料。我们研究的重点在于重新审视废品，除了将其视为一种具有衍生经济价值的物质之外，还视为一种不断生产文化价值、定义社会边界，甚至具有能动性的物质。带着这个不一样的问题出发点，我们的研究更多探讨的是收废品人与垃圾纠缠不清的关系，以及由此带出来的收废品人主体性的建构，和一个更为动态的拾荒聚落网络。

换言之，本书试图切入废品的社会文化意义。虽然我们的研究对象同样是收废品人，但我们讲述的不仅是他们与废品的经济关系，更是他们与废品建立的社会文化关系。我们想要提出的是，废品其实不断在建构人与环境的关系、人与人的关系，也在参与建构一套新的价值观，甚至如既有的研究所言，建构一套新的道德观（Hawkins，2005）。研究文化与废品的著名学者盖伊·霍金斯（Gay Hawkins）就指出，在近年兴起的"减废减排"的话语里，废品已经不再像以往那样只剩下负面的价值，废品的回收已经开始与环保新生活、中产消费和可持续发展等后工业价值联系起来。他认为，废品甚至逐渐形成一种伦理力量（ethical force）。事实上，废品不断地影响着我们每天的生活实践和日常习惯：比如我们开始为垃圾分类；外出带环保袋，甚至带自己的餐具；把废纸盒、铁罐、塑料瓶挑出、压平、累积售卖或丢弃，等等。无论在国外还是国内，提倡环境保护的社会运动和政府宣传都在呼吁减废减排，开拓回收经济。在发达国家，垃圾回收已经与一种新的绿色公民主体（green citizen subject position）和环境道德挂钩，而且得到了非常广泛的社会支持。简单来说，在今天的环保话语抬头后，废品和垃圾已经开始超越以前只被认为是无用的、是死物的概念，其社会文化意义也越来越值得研究（Hawkins and Muecke，2003）。

在发展中国家，从废品经济引申出来的文化意义、主体性、生活实践和道德，还有很多待讨论的空间。本书正是要重新认识废品在转型中国的物质性（materiality）——除了是底层的一种生产资料以外，又是怎样介入城乡断裂的底层生活、移民家庭的建构，以至城乡接合部的空间。

废品在北京

本书以《废品生活》为名，是希望将"废品"作为理解今天城市化的一种重要的分析范畴（analytical category）。首先，废品这个概念指涉作为垃圾被丢弃或被回收的废弃物。所以在本书中，我们有时候用"垃圾"，有时候用"废品"，两者的意义有共通之处。进一步地，以"废品"作为一种分析范畴，我们希望探讨的是废品这种物质的流动，如何构成当代城市生活、社会动态和权力关系。在这个分析层面，废品不单单是被回收的垃圾，而是作为一种社会、经济、文化现象，涉及回收行业、拾荒行为，及其所牵连的成千上万的消费品和城乡个体的流动，以及它们所形成的独特贸易与社会网络。在本书中，我们将废品作为一个分析范畴，希望读者不只读到底层人民如何通过拾荒介入建构着他们的城市生活，更读到废品如何构成今天重要的城乡经济，了解废品如何刻画新的城市空间，也体会到废品其实就是我们作为消费者的生活媒介，是我们的城市生活中经常被忽略和抹杀的重要社会文化元素。所以说，"废品生活"不仅是指收废品人的生活，更是指我们所有人的、与废品息息相关的社会生活。

以废品的回收再利用来理解社会文化，并不是我们所独创。书写《民国北京城：历史与怀旧》(*Republican Beijing: The City and Its History*, 2003) 的历史研究者董玥 (Madeleine Yue Dong) 就指出，旧物回收 (recycling and reuse) 是民国时期大部分北京居民的日常实践，是一种独特的城市文化，能透视当时非法夜市的形态，能让人理解参与旧书旧物买卖的一种古董文化认同，甚至提供一种理解民国商品现代性和城市公民权的视角。无独有偶，苏珊·斯特拉瑟 (Susan Strasser) 则通过分析废品交易的历史，书写英美两国城市经济社会生活的变迁，指出人们与废品相关联的生活习惯，随着城市化的过程、新能源和新式交通工具的应用、商品交易市场的变迁，以及人们的卫生观念的变化而发生转变 (Strasser, 1999)。回收、废物再利用、修补破旧之物，曾经是家庭生活中的必备技能。然而随着一套方便、卫生、更新换代的文化的兴起，人们才逐步习惯于丢弃，而不是循环利用。

事实上，从北京这座大都市看废品，有特别重要的意义。在北京，废品历来就不是垃圾那么简单，它与城市文化、公民界限等方面，有着千丝万缕的联系。乔舒亚·戈尔茨坦

（Joshua Goldstein）在《每日的残余：北京百年的回收利用》（"The Remains of the Everyday: One Hundred Years of Recycling in Beijing"）这篇文章中，就写到中国政府在20世纪50年代，成功地把人数将近7000的个体回收贸易人，组织为一个叫"北京市废品回收公司"的国营单位。随着计划经济的兴起，回收的旧物品种开始发生变化，报纸和政府单位的宣传印刷品成为重要的回收品。每个家属院设有小型回收站，给送来废纸铁罐的居民几分钱的回馈，这对当时在计划经济制度下现金缺乏的居民来说，有莫大的吸引力（Goldstein，2006）。

当然，毛泽东时代的废品回收并不是为了修补翻新旧物，让它们再流入夜市以二手转售，而是为了把它们纳入大型的工业制造，让它们成为焕然一新的产品。戈尔茨坦认为，废品的"工业回收"在毛泽东时代正式揭幕。从1966年开始，废品回收成为一个奉献国家工业的行为，是一种公民责任，旨在把每人每天节省并上交的物品，融入整个工业制造的机械里；而在"大跃进"期间，在工业发展"超英赶美"的号召下，废品回收被视为"光荣建国服务"的一种日常实践（Goldstein，2006: 270–273）。

邓小平的改革开放时代，不只意味着市场经济的发端，更是一种新社会文化的来临——"丢弃文化"（culture of

disposability）。戴维·哈维（David Harvey）论说，丢弃文化是欧洲与美国20世纪七八十年代的一种"后现代的文化形式"：使用和丢弃物品，成为人们的习惯和生活方式。人们不但丢弃一次性的餐具，还不断丢弃衣服鞋袜。丢弃文化甚至蔓延到人们的社会关系中，比如极速的婚姻结合和离散（1991：284-308）。如今，这种丢弃文化也已经渗透到了中国人生活的方方面面。

2000年后的全民消费，进一步深化了"消费就是为了丢弃"的观念。同时，市场经济所带来的通胀，让只值一分、几毛的回收行为变得可笑。在这样的大环境下，后来改名为"北京物资回收公司"的国营回收单位，也逐渐把本来驻扎在小区的回收站，变成了地产开发点和出租车公司，令原来全市的2000多个回收站降为后来的几个，也顺理成章地把单位的老员工分配到新的业务上（Goldstein，2006：278-280）。结果是，一方面国营回收单位的原业务靠着垄断重型金属的工业回收而继续；另一方面则开始转型，开发其他业务。其薪水福利好的国企工人，不愿意也不需要在全市迅速增多的小区垃圾堆里寻找、分拣并跨城运送可回收物品。这项劳动力成本和投入超高的工作，在这二三十年里由十几万农民工一方承担。北京物资回收公司也尝试吸纳零散的农民工到其管辖区域内工作，尝试管理他们，给他们稳定的工资、制服，并规定工作时间，等等。但是这种尝试大都以失败收场，收废品人根本不愿被收编到体制里。事实上，直到今天，国企"收编"的努力一直在继续，而大量"散兵游勇"的收废品人和正规的废品回收企业并存的局面，也持续存在。

一言以蔽之，国营回收单位逐渐远离了废品回收的一线，随之而起的现象是餐饮店、旅馆、小区百货店、商场等直接跟收废品群体交易，垃圾成为一种可售卖的商品，而收废品人则争相以高价买下这些"垃圾源头地盘"，以开拓他们的废品转售生意。

《废品生活》所关注的，就是这个由十几万人构成的收废品群体——他们的生活，以及废品和收废品人所编织的城市化空间和实践。事实上，废品现象并不局限于北京，而是充斥在全国各层的城乡空间。这使得废品在当代中国研究中尤其重要，因为它标示着社会经济文化、阶级界限、国民行为和身份都在剧烈转变。如果废品在民国时期和毛泽东时代都标志着那么独特的国家—城市文化和现代性，今天从废品看盛世中国，则可以展开更复杂的有关城乡关系、空间和城市化过程的分析。

行动者网络理论

当今，从非人类因素（non-human factors）出发，重新理解人类和动物、自然、空间、科技之关系的研究里，最有影响力的理论家是布鲁诺·拉图尔（Bruno Latour）。拉图尔提出的行动者网络理论（Actor-Network-Theory，简称ANT），将非人类，包括动物、科技、环境，视作与人类行动者具有同样的能动性，提倡将人与物之网络共同带入社会分析当中。拉图尔不满意老旧的社会分析一味地强调抽象的权力结构，把阶级、种族、性别都看作铁板一块、稳定存在的因素，而忽略人与物、人与其所处环境的交互作用。他指出，细微如细菌的"非人"之物，其发现和当时的社会运动密切相关，有关细菌的一种学说一旦确立，相关技术便接踵而至，深远地影响了我们的医疗系统、健康知识，甚至形塑了公共卫生的实践和设计（Latour，1988）。另外一个更明显的"非人"所具有能动性的例子，就是智能电话——它不但翻天覆地地改变了我们的生活，甚至变成很多现代城市人身体意识的一部分，逐渐主宰着人类沟通交往的方式。但是，现存大部分的社会学分析都不会关注这些既不属于国家权力，又不直接关乎资本运行、社会结构，却和我们的社会制度、知识、权力息息相关的问题。拉图尔认为真正的社会分析，一定要审视具体的人和物，把它们一视同仁为"能动者"（actant），并理出其中有机的联结（assemblage），分析出它们交互作用的网络，以至产生的社会文化意义（Latour，2005）。

近年，行动者网络理论已经不再是科研的专利，其影响力已延伸至人文社会科学领域。生态政治学家简·班尼特（Jane Bennett）在西方学界引起巨大反响的著作《活跃的物质》（*Vibrant Matter*，2010），也提出以物质为中心，而不是单以人类为中心来反思当代政治问题，包括环境污染、能源短缺和过度消费的出路。班尼特的论据跟拉图尔相近，提出"物质力量"（thing-power）的概念，继而挑战只以人为中心的社会运动和道德准则，反对在生态保护的讨论里，人类一味地把自然视为服务人类的工具。例如，在利用可再生能源的倡议里，大自然还是只被功利地当作一种可资利用的商品而已，而班尼特认为，这种生态保护的倡议并没有真正把人置于人与物的关系当中，从而了解相互的需要和能动性。

以上研究，都反映了人文社科学界越来越重视物和物质的社会文化意义，以及物如何影响人类的行为、情感、实践，甚至参与建构知识，重构社会关系。当然，以上观点的形成，其实离不开哲学家梅洛·庞蒂（Maurice Merleau-Ponty）

在《感知现象学》(*Phenomenology of Perception*, 1962)中提出的"心""身"皆有思考，进而挑战笛卡尔的那种以心（mind）为基础的启蒙理性观，反思身体（body）的感知同样影响我们认识和理解世界的理论脉络。在物的讨论里，这些认知都在解构人（有理性、有能动性）和物（无理性、被动）的二元对立，重新想象非人类之物同样具有活力、生命、能动性甚至感性（sensibility）。这种反思听起来很荒谬，但是如果从生态的角度，以一种系统性的、万事万物相互联系的眼光去看，会发现其实不然。例如，落叶已是死物，但通过堆肥和与其他有机物质的互动，产生甲烷，死物可"诞生"新鲜肥沃的土壤；蚯蚓在人类作为唯一理性主体的视野下，是那么低等的生物，但是它在整个厨余处理机制里，却具有其他事物无可取代的独特能力；细菌的特性、我们对细菌的理解，以及基于这种理解所发展出来的医疗技术，都影响了我们日常生活的实践和习惯。重新思考非人类和物质的关系，会让我们进一步思考物的"生命""价值"，乃至二者在当代文化中的意义（Taussig, 2003）。事实上，这种哲学观，对于传统中国所讲的"天人合一""道法自然""生生不息"哲学思想来说，也并不陌生。

民族志：从废品出发

受到拉图尔ANT理论的启发，《废品生活》尝试把从物质看社会的视角融入我们的田野研究。从2007年开始，在连续数年的深度访谈和参与式观察过程中，我们除了关注收废品人的底层状况，审视他们如何把废弃的垃圾变为有经济价值的生产资料以外，还将废品看作一种具有能动性的物质。我们试图了解废品如何界定废品从业者在城市的生产、生活形态，乃至整个群体的特征和文化。换句话说，在我们的理解里，废品并不单单是一种具有经济价值的生产资料，更是一种带有建构性的物质（constructive materiality）；废品从业者每天跟废品打交道的时候，不但衍生出金钱，更包括独特的社群性（sociality）、阶级文化和城乡主体性。

作为一本关于收废品群体的人类学民族志，《废品生活》想要通过ANT的视角，从物（废品）看人（收废品人），看收废品人群从老家到城市的生活，再进一步从废品追踪到城乡接合部的空间和里面不同的人物，以及垃圾和北京这个"超大城市"千丝万缕的有机联系。我们不希望把固有的结构理论套到这个群体上，把收废品人的经验简化为城市新自由主义资本剥削的结果，又或他们是城市消费的牺牲品，等等。当然，我亦注意到他们生活当中的艰辛困苦。不过，带着ANT理论的眼光，我们试图走入收废品社群里，把他们当作"主体"，而非"受害者"，了解他们到底如何跟废品打交道，又如何承担、消化主流社会的歧视，再如何千方百计地打理他们在北京的网络，以及在老家的理想生活、责任和尊严。在本研究中，我们并没有跟着垃圾进一步追踪到政府有关部门和跨省的废品再造工业。所以，本研究在检视垃圾与公共部门等更大范围的资本联结方面，无法着墨更多。我们也希望有更多的后续研究，可以继续探索这些尺度（scale）更大的问题。

我们的研究注意到，收废品群体从农村老家来到北京，废品不但为他们带来在城市生存的收入，他们当中有的人还靠它养儿育女，供孩子上大学；有人则靠它在老家盖起了新房，甚至买房，住进城市的商品房小区。我们发现，城市废品虽又多又脏，但不是人人能捡，捡的人也不是所谓别无资本、没有学历、无法去工厂或工地打工才靠垃圾赚钱的"可怜人"。废品回收其实是一个非常专业、需要特别的关系网络和空间资源才能进入的行业。此外，收废品人并不局限于功能性地视垃圾为生产资料，而是有机地与废品、与他们居住其中的废品场、北京的城乡接合部，以及他们的老家，形成一个非常特别的社会实践空间。我们的民族志就围绕着这个有限但复杂的社会空间，审视收废品人与垃圾形成的场域。我们发现收废品场不但是一个具有使用价值的生产场所，同时也是一个特别的老乡社群，是一个城乡交合、非正式经济为主的多元空间。垃圾与收废品人，城市与农村的空间，北京与老乡的网络，都是本书的行动者网络；其间形成的网络的复杂面相，将会在后面的章节中一一呈现。

小　结

本书没有聚焦收废品人处在社会边缘位置的宏观原因，没有简单地谴责他们所受到的不公正待遇，甚至尝试理解他们在城市暂居的温情空间；更多的是记录，是平视，是翔实捕捉主人公生活的丰富细节和微妙体验。

在本书中，我们认真地把垃圾视为一种参与社会政治关系的物质，审视它如何复杂地、有机地参与中国的转型社会，并与社会阶层的断裂、巨大的城乡经济文化差异、农民工的有限流动性纠缠在一起。在当代中国，垃圾既是一种经济的"推—拉"因素，成为吸引在农村缺乏赚钱机会的农民到城市谋生的生产资料，同时，它在我们的研究地点——冷水村，又是一种超越经济的物质，它与政策上的壁垒，比如户籍制度以及与之有关的社会福利和保障规定交合,变成一种使农民工觉得自己永远不属于城市的复杂物质。最后,它的文化意义——脏、臭、烂、腐,使得处理这种物质的群体受到更大的污名化,也促使这一群体建立起一套基于自我保护的封闭身份以及特别紧密的老乡网络,甚至一种特有的城乡价值观。我们的故事章节,正是要展现不同的行动者之间的网络,以及"物"——垃圾与政治、经济、身份认同的关系。我们借鉴ANT的方法理解垃圾,正如拉图尔所言,ANT与其说是理论,不如说是一种方法,使得我们可以"描述"社会事实是如何被建构和生成的。这种描述先于批判,也能够帮助我们在呈现社会事实的复杂性和动态的基础上,做出真正的批判(Latour, 2005)。

最后,我们并没有想说收废品者是绝对受歧视的或者更受歧视的群体。这种寻找"最大受害者"的叙述,通常只会抬高研究者的道德位置,而无益于理解社会问题的复杂性,也无法让我们想象一种更为进步的社会环境。我们的目的,是希望读者通过阅读《废品生活》,将垃圾视为一种能动性的物质,了解垃圾如何生产废品从业者的群体与主体性,他们的理想与挣扎,以进一步思考在进入(后)工业时代的中国,我们作为消费者和垃圾的关系、和废品从业者的关系,以及和未来的关系。

我们是谁？

本书由两位作者合作完成。我们都对所书写的拾荒群体有着多年的研究经验。从2007年11月开始，张劼颖作为北京大学社会学系的研究生，和几个同学组成调查小队，开始进入冷水村。田野工作从尝试接触、"进入"拾荒者和收废品人的世界开始。冷水村的废品从业家庭共25户，分布聚居在五个大院和数个小院。由于拾荒者没有正式的居留身份和经营许可，又遭到歧视，所以非常谨慎和封闭，一开始大都拒绝访谈。其中一个大院和几个受访对象先是配合，在经过数次访谈后，由于害怕可能遭遇的麻烦，突然拒绝继续参与调研。张劼颖经过半年以上的努力，才慢慢建立和巩固了双方的关系。胡嘉明则于2008年底，因为香港理工大学应用社会学系关于城乡移民的研究项目而来到冷水村，认识了张劼颖，之后携手跟踪调研拾荒社群，一直到2011年。几年之间，17户家庭成为两人稳定的调查对象，其中13户家庭和我们成为相互信任、深入交流的朋友。基于这个调查，张劼颖完成了在北京大学的硕士论文，随后进入香港中文大学，继续人类学博士深造。胡嘉明发表了关于农民工在城乡接合部生存状况的文章，后又转至香港中文大学的文化及宗教研究系任教。我们两人在香港中文大学重聚，意犹未尽，觉得"垃圾围城"的中国可以进一步发掘，遂决定合写《废品生活》，并在2012年和2013年回到冷水村，继续回访调查。

我们希望鸣谢主持前期冷水村研究和农民工调研项目的香港理工大学的潘毅教授和北京大学的卢晖临教授。感谢香港理工大学的阮曾媛琪教授和宋陈宝莲教授，她们支持了部分的研究资金。我们特别鸣谢陈娟教授和王敦猛同学，他们与我们多次到田野调查，以及研究助理鲍程亮、金舒衡同学的参与。另外，我们还要感谢李大君、刘静、连佳佳、张慧鹏、李丁、邹崇明在研究初期给我们提供的帮助和贡献。本书由胡嘉明和张劼颖联合研究书写，但我们亦受益于上面十余位老师、同学田野研究的经验，包括他们的笔记、讨论意见、指导，以及友情和支持。本书图片均由我们两人拍摄。当然，我们特别感谢支持我们的香港中文大学出版社的编辑林颖博士、叶敏磊博士、余敏聪先生，和最初与我们洽谈的杨静小姐。另外，我们也要感谢香港中文大学的老师、同事们，包括文化研究部的彭丽君、黄慧贞，人类学系的林舟、黄瑜，他们都在写作这本书的不同阶段，给予我们很多的支持和鼓励。

最后，我们非常感谢本书中出现的主人公们，感谢他们对我们的信任和慷慨接纳。书中的人物均使用化名。如果书中出现任何疏失、错漏，均由我们两位作者负责。

I

城市采矿人

废品回收作为非正式经济

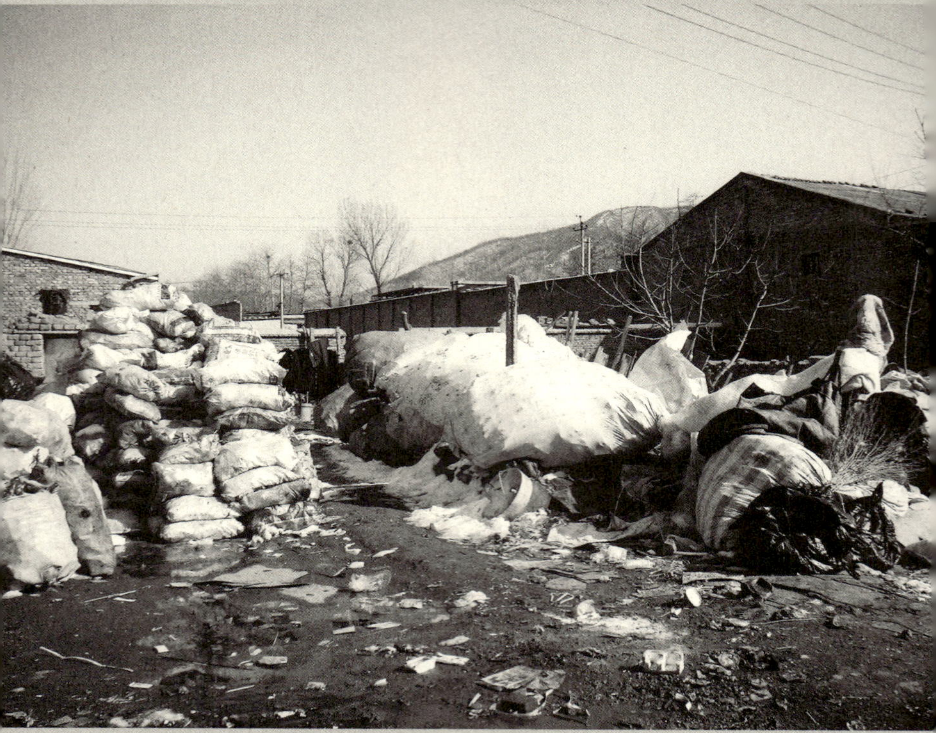

我们的垃圾去哪里了？如果不是被永久销毁或者掩埋，它们去了哪里？经过了什么人的手、多少次的交易、怎样的处理，又变成了什么？另外，为什么有人会从事废品回收这个行业？是什么推动他们入行，愿意跟肮脏的废物打交道？高额的利润、低的入行门槛？这些人是社会底层、没有任何其他技能的失败者，还是慧眼独具、想要从垃圾里变出黄金的投机者？

这个部分，为读者打开废品交易的世界。我们首先会介绍这个行业的概貌，让读者了解这个行业的运作系统以及从业者获利的"秘诀"。接下来的三个故事，是三个从业家庭的创业史和生活史。

第一个故事，有关一名从事废品经营的女性十多年来的从业轨迹。故事讲述了她怎样不断积累资本和经验，升级自己的事业，当事人对这个行业又有怎样的理解。当然，和从业故事相互交织的，是她家庭生活的变迁。

第二个故事，则把读者的目光转向捡拾垃圾的群体。主人公的垃圾事业颇为成功。他的"生意经"将会告诉读者，这个行业有着怎样的学问和门道，又需要什么经验和技巧。故事还呈现了他如何评价这个收入不低但总是被人看不起的身份，如何内化和消纳来自城市的歧视，重建自己的尊严。

第三个故事,关于一个收废品的老人。看似底层的家庭,却有着巧妙的策略和灵活的手段,另辟蹊径,在城乡夹缝中创造生存的机会。这个故事展示了收废品人这样的底层群体,那些令人意想不到的生存策略。

通过三个故事,我们希望从不同的角度,使读者对于废品行业有所了解。当然,每个故事的内容,远远超出对行业的介绍这一主题。本书想要呈现的,恰非千人一面的"从业者",每个人的故事,都有其独特性和丰富性。所以,这些故事不仅仅关于废品回收行业,也关于他们的家庭、他们的生活、他们的心灵和感情。

"垃圾堆里采金矿":废品回收经济系统

在冷水村,同属废品行业的主要有两个群体,一个是捡垃圾的,一个是收废品的。二者收集垃圾或废品的方式不同,却同属一个废品回收体系。话分两头,先说收废品的。如我们日常生活中所见,有人会骑着三轮车,走街串巷地从居民手里收购废品,也有人游走于工厂和建筑工地,收购工业废料。这是"第一线"(即第一层)的废品收购者。而小的废品收购点,处于整个收购网络的上一层,即所谓的"二道贩子"。他们等着一道贩子上门，把废品转手卖给他们。收集得多了，他们再卖给更大的废品收购站或者各种资源回收再造工厂。这种小站点往往很不起眼，场地不大，一家人经营，货就堆放在自家院子里，规模不大，一般没有执照。

在一、二道贩子中间，还有一种"游走的二道贩子"。他们的买卖方式更加灵活，往往骑着摩托车，一般不直接从居民手里收购，而是从其他收废品人的手里买。他们并不大量收购各种货物，而是根据行情和销路，有选择、有针对性地收购一些东西，比如电路板、旧唱片、旧手机电池、硒鼓（激光打印机部件），甚至头发。他们的货销路广泛，有时候卖给废品收购站，有时候直接卖给工厂。

位于更上层级的，是规模更大的废品收购站。这些收购站面积大、货物多，往往拥有汽车、卡车，会雇人来整理货物。他们从小的站点收购废品，再卖给有需求的厂家。他们跟加工再造工厂的关系更为密切，一般都有营业执照。

收益不一定跟所处的层级成正比。层级越高，生意规模就越大，所需成本也越高；相对来说，付出的辛苦或者说付出的简单体力劳动就越少。而第一层的收购者，由于需要室外流动作业，比较辛苦，不确定因素也多。实际上，收购站点的老板往往是曾经的第一层收购者。减去成本以后，开设站点的不一定比走街串巷者的收入高，但稳定和舒适程度还是要高出许多。

住在冷水村的废品收购者，大多属第一层和第二层，大型废品收购站只有一家。当然，他们收购的范围和废品的来源不仅限于这个村子，他们只是把"大本营"设在这里。

从业者最喜欢说，他们这行什么知识也不需要。但实际上，废品收购真是一门学问。从称重、计量到对废品材料的辨别、估价、处理，再到寻找货源和渠道、与下家上家讨价还价、公关、规避管制和罚款，这些都需要学习、积累经验，而这些经验的多少和能否赚到钱及利润的高低直接相关。

在冷水村，还有一种人在参与这个行业，那就是捡拾垃圾者。他们也属于第一层。和废品收购者不同的是，他们不会花钱买，而是直接收集居民丢弃的垃圾。他们收集的渠道和方式，绝对是五花八门。有的人就是骑着三轮车，走街串巷地在垃圾池、垃圾堆里翻拣。有些人"承包"了一个小区的垃圾，每天定点收集运输。还有人开车，从比较大的垃圾总站拉回大量垃圾。当然，不仅限于生活垃圾，也有人瞄准了商业场所，他们会承包一个商厦的垃圾，甚至租用这栋大厦的地下室，上面收运，下面分拣。还有人守在建筑工地附近，等待着被丢弃的建筑垃圾。

收垃圾只是第一步，把垃圾"变废为宝"，关键在于分拣。

和废品不同，这些大堆的、混合的垃圾，本身是毫无价值的。从业者需要付出额外的劳动，亲手把这些混杂的垃圾分门别类，按照不同的材料收集起来。这样，生活垃圾才有回收再利用的价值，变成"原料"。一般而言，垃圾很多，但能够从中获得的每种原料就比较少，所以捡拾者需要处理大量的垃圾，各种材料才会有足够交易的量。而从垃圾中得来的原料（如废纸、编织袋），一般收购价也比废品低廉。每收集、积累一段时间，垃圾捡拾者就会把货卖给废品收购站或者资源回收再造工厂。也就是说，正是层层废品从业者的劳动，为废品重新赋予了价值。

这样，收购者、捡拾者加上废品收购点、收购站，就组成了一个层层收购的废品产业。（见图1）

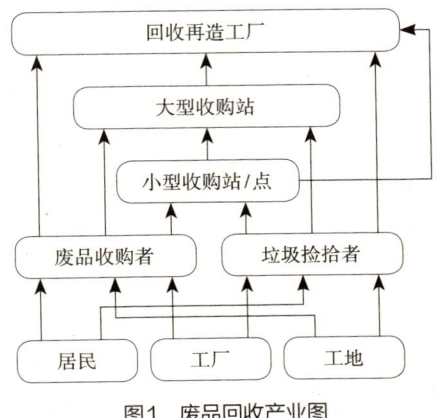

图1 废品回收产业图

那么，从业者是如何获利的呢？关键在于差价。能够低价买进、高价卖出，就会有更大的利润空间。而怎样才能赚取更高的差价呢？最重要的是货源。有些材料比其他材料更能赚钱，譬如金属。而如何能够得到这些值钱材料的货源呢？关键在于：关系、消息和经验（包括眼力和判断力）。所以说，这一行绝对可谓"一门学问"。表1为近年一些常见废品的价格，收购价格即收废品人从居民或商户手中买入废品的价格，而出售价格即收废品人卖给收废站点的价格。需要说明的是，这些废品价格随着供求变化波动很大，每个废品回收站点亦有议价空间，并没有持久统一的固定价格，以下价格仅为我们调查期间（2007—2011年）的估算价格范围。另外，相对于售价，更具灵活性的是买入价格。为了尽量获利，收废品人往往各凭本事，尽量压低买入价格。有时候他们获取废品不需要花钱，只是从垃圾堆里捡拾，或者统一承包某居民区的所有垃圾。故此，表中收购价最低为0元。

表1仅仅粗略呈现了一些常见的废品种类。实际上，废品的种类众多，废品买卖学问的另一个"基本功"是分类。废品不仅会按照材料的大类被区分开来，诸如纸、塑料、玻璃或某种金属，事实上，废品从业者需要拆解一些物品，进而区分不同材料。对于每种类型的纸、塑料、金属甚至布料，都会分门

别类，分类细致到我们难以想象的程度，之后还会进行简单的处理。比如一个罐头瓶，金属瓶盖会被拧下来单独存放，而玻璃的部分会打碎，装进一个大口袋。塑料更是种类繁多，像是水泥袋、蛇皮口袋之类的袋子，甚至都会单独整理捆扎。

表1　部分废品回收价格汇总[①]

种类	收购价格	出售价格
350—500ml塑料瓶	0—0.10元/个	0.08—0.20元/个
650ml塑料瓶	0—0.20元/个	0.20—0.25元/个
易拉罐（含铝）	0—0.10元/个	0.10—0.18元/个
易拉罐（不含铝）	0—0.50元/个	0.50—0.80元/个
玻璃瓶啤酒（根据瓶子质量）	0—0.05元/个	0.05—0.20元/个
玻璃酱料瓶（根据瓶子质量）	0—0.01元/个（一般不花钱收购）	0.02—0.15元/个
硬纸	0—0.50元/千克	0.50—0.80元/千克（500—800元/吨）

---

① 考虑到废品价格高度的变化，为了给读者呈现更为准确的参考价格，此表我们结合了两种数据来源，包括我们的田野笔记，以及既有新闻报道和学术研究中提到的、相对可靠的价格，这些文献包括（1）王聪：《来自城市废品回收业的报告》，载于《中国储运》，41—42页；（2）《瞭望》新闻周刊系列专题报道：《解密北京垃圾回收生意链条：早前收废品的都开奥迪了》，http://www.finance.ifeng.com。

续表

种类	收购价格	出售价格
报纸	0—1元/千克	1100—1400元/吨
书本（根据纸质）	0—1元/千克	600—1200元/吨
纸箱（根据纸质）	0—0.60元/千克	600—1000元/吨
水泥袋	（一般不花钱收购）	0.09—0.15元/个
塑料（根据质量）	0—2元/千克 （一般不花钱收购）	0.80—5.00元/千克
塑料泡沫	（一般不花钱收购）	5—7元/千克
废旧钢铁	0—1.80元/千克	2.00—2.50元/千克
金属铜	0—25元/千克	25—30元/千克
金属铝	0—10元/千克	10—20元/千克

如上文所述，基于这些学问（或者说知识和经验），从业者才能把原本没有价值的垃圾变废为宝。具体到每一位从业者，像任何一个行业一样，这个行业中有人善于寻找机会，有人甘愿冒风险以获得高昂的利润，也有人老实勤恳，踏实谨慎；有成功者，也有失意者；有人不断升级、成为更高层级的老板，开始雇用从前的同伙，也有人从业多年一无所获，不得不转行，另谋生路。

本书将这样的废品回收再造网络，理解为一种"非正式经济"。对于"非正式经济"或者"非正规经济",学者黄宗智(2009)提醒我们,这是目前发展中国家最大的非农群体就业领域。所谓"非正式",是指它并非现代的、工业的、城市的企业或者经济部门,也不是传统的农业领域。它在"传统"与"现代"之间。在农业人口城市化过程中,事实上大量的农业人口并未被完全吸纳进入全然现代化的经济部门,而是进入传统与现代部门之间的中间领域。黄宗智(2008)认为"非正规经济"最确切地概括了这种城市中的低层次就业情况。这些城市底层的新兴劳工所从事的,不是稳定的、被纳入国家福利系统和劳动保障体系的工作,而是在小规模的、零散的,不被国家管理、法律规制的经济单位中,提供廉价的劳动力。这个领域吸纳了大量从农村来到城市的剩余劳动力,同时也创造了城市中劳动报酬低微、欠缺福利的"次级公民"。

本书是对当代中国庞大的"非正式经济"一隅的近距离检视。本书所聚焦的废品回收从业者,无疑是一个非常典型、但常常被忽视的非正式经济从业群体。他们没有城市户籍,没有正式的城市居留身份,也没有被纳入城市的就业和福利系统。有学者将他们称为"散工"(周大鸣等,2007),以区别于一般意义上在正规的工厂中工作的农民工。

事实上，作为"非正式经济"的废品回收行业，为上游的资源再生以及低端的制造业，提供了成本低廉的工业原材料。这使中国海量的廉价消费品得以生产，例如大众超市里便宜的塑料制品、随处可见的一次性包装物，以及各式质量低劣的山寨货。这些产品确实显得"粗制滥造"，大量塑料制品属二次甚至三次再生而得，不过也确实价格低廉，满足了大量低收入消费群体的使用需求。当然，造价如此低廉，正是因为大量废品从业者对原材料进行采集、分类、初步处理和累积所付出的廉价劳动。如前文所述，正是他们分拣、积累、初步处理的劳动，使得原本价值为零的垃圾——甚至因为肮脏和令人厌恶而具有"负"的价值——变成工业制品的原材料。这是真正意义上的"变废为宝"。拾荒者是原料的采掘者，就像矿工或者其他从自然界中收集自然资源的工人，他们为制造业源源不断地提供着原材料。

有人将垃圾称为现代城市的"城市矿藏"，那么拾荒者或者废品行业的从业者，无疑就是现代城市的"采矿人"。他们为工业提供成本低廉的原材料，使得生产低价的消费品成为可能，但因为不是正式的工人，所以劳动报酬十分低微，不但没有固定收入和劳动保障，也没有被纳入城市福利系统。有关这些从业者的身份问题，在本书的第二部分，还会有更为详细的论述。

本书中的篇章，会聚焦丰富又复杂的非正式经济微观世界。废品回收行业的从业者，包括收废品人和拾荒者，是本书的主角。本书中还有一些非常重要的配角，他们是"黑心小吃"作坊的小老板、为建筑工人供应早餐的小摊贩、承包家居装修的散工、黑车司机、服务拾荒者的小店铺主人、超市推销员、饭馆里的"酒水促销"、专门从事旧建筑拆迁的"拆迁工人"、一个人的电子产品加工小作坊主人……他们具有一种或多种身份，灵活地在庞大而复杂的非正式经济生态中寻找着机会。在随后的篇章中，他们将会一一登场。

出租屋前，堆放着自家货物

1. 回首跌宕京漂路
一个女收废品人的口述创业史

马大姐
　　40岁左右，河南固始人。和丈夫在冷水村租了一个小院，开废品收购站。有两个孩子，大儿子在北京的小学毕业后，回老家读初中，上寄宿学校，女儿在北京读小学二年级。

　　马大姐是那种很要强的女人，直爽、泼辣，聊起天来心直口快，双眼圆睁，声音大，语速快，铿锵有力，音调抑扬顿挫，情绪饱满。她打扮朴素，说自己的衣服和裤子都是几十块钱的，而且很久没有买过新的。不过她总是把自己收拾得十分干净利索，头发总是光溜溜、一丝不乱地束在脑后。

　　提起开废品收购站，她说："就是什么都没有才干这个，有钱有别的，谁干这个呀，跟要饭的差不多！而且特别脏，你不知道我一天要洗多少遍！"我们说，听其他人说，干废品回收其实利润挺好的呀。她说:"那些人是爱面子,死撑面子,没跟你说实话!我就说实话,没钱就是没钱!"我们说,那跟老家的人比,还算是有钱吧。她说:"老家没人啦。那地方太穷了,什么都没有,谁待在那儿呀,留下的全是老人。"又说:"我看新闻上说,给老年人发补贴,还有养老金什么的,我们那儿根本就没有!我看电视,这些我都知道。我婆婆79岁了,在老家什么都没有。"

马大姐租了一个整院,房租一年6000元,房间住人,院子用来堆放废品。一个大铁门,旁边挂着一个木牌,用油漆写着"废品收购站"。院子里面,有堆积如山的塑料瓶子,还有各式废品,堆得很高。一进她家,就可以看见各种小学生的奖状,新新旧旧的,贴满整面墙,地面上则一尘不染,床单干净平整。整个房间十分敞亮,整洁得让来客有点手足无措,不知道坐哪儿,也不好意思随便乱坐。实际上,要进她家并不十分容易。夫妇俩戒备心很强,很封闭,不轻易相信任何人。我们花了不少时间和精力,努力证明自己是没有其他企图的普通学生。见过几次面后,她才信任我们。她说:"我们在这儿,不爱随便跟人打交道,你说你是学生,我才让你进来,如果不是学生,我根本不让你进门!"不过,一旦熟悉起来,她的话匣子就打开了,聊起以往的经历和现在的心事，收都收不住。了解了马大姐的经历，就知道她为什么自尊心那么强、戒备心那么高。

闯荡北京的创业路

1993年，马大姐和丈夫完婚后，踏上了来北京的路。一到北京，两个人都不知道该怎么办、上哪儿去。在火车站待了五天五夜，一共就花了五块钱，每天一块钱买一个面包，两个人分着吃。他们结婚时老丈人给女婿买的新皮鞋，也在睡觉的时候被人偷走了。第六天，丈夫没找到活儿；她被一个开饭馆的老板带走了，坐出租车到了很远的地方，一路上她都留心记路，按照9路车的站牌来记。到了之后，她发现那家饭馆给安排的住处，是两男两女同住在一间屋里，她不能接受，老板就叫她走。她按照记下来的路线，一直走到天黑。夜里，她就站在一个巡警（也可能是个保安）附近，不明说让他保护她，但是他走，她也走，反正就在他的视线范围内，靠墙待着，直到天亮。身上没钱买票，她又顺着9路车站走回北京站了。见到她老公时，他已经急坏了，说她要是再不回来，他就要回家拿钱再回来找人了。后来，又到了另外一家饭馆打工，但是她这个人比较"原始"（大概是保守的意思），不喜欢饭馆的"那种工作"（指服务员），就开始在饭馆摊煎饼。店主老太太对她不错，每天晚上跟她一起睡，一个月能给她几十块钱。丈夫就不如自己，最初三个月都没有找到活儿干，就在老乡的工地那里蹭吃蹭住，做做帮手。

攒了500块钱以后，他们就买了第一辆三轮车，开始收废品。当时在安贞里的一个居民区。她需要"看楼"——也就是死守住一栋楼，占住那里，这样别的同行来了，看到有人占领就会主动离开。一看就要看一夜，只能睡在三轮车上。那栋楼的居民都很好，对她很不错，会拿东西给她吃，玉米什么的，有时候还白给她废品，不要钱。有个明星当时也住在那里，经常叫她在楼下等着，会把不要的乐器扔下来。后来她看电视才发现："嘿，不就是那个人嘛！"她说当时不懂，要是现在，就把乐器留下来，怎么也不能当废品卖了。

至今她都清楚地记得，第一天赚了20块钱。不过刚入行的时候因为不懂，没少吃亏、闹笑话。比如他们一开始分不清公斤和市斤，结果第一个月不但没赚钱，反而赔了；又分不清楚材料的好坏，常常收得贵，卖不掉。

最倒霉的是，有一次他们的三轮车把人家的货车刮了，当时身上也没钱。人家跟着来家里一看，什么电器都没有。床板是房东的，底下垫的是砖。车主就把他们唯一的财产——三轮车拉走了。然后，两个人整整在家躺了三天。谁也不说饿。因为绝望。后来，他们又重整旗鼓，向亲戚的亲戚借了300块钱，重新买了一辆三轮车。她说："人家也是看我们可靠，肯定不会跑，要不然谁借给你呀！"

就这样骑三轮车收废品七八年，她们开了第一家废品收购站，到现在又有七八年了。现在他们不需要日晒雨淋地每日出门游走。马大姐坦言，现在看起来自由和清闲，也是干了这么多年经验积累的结果。事实上，一个废品收购站要想挣钱，最重要的是货源，"光靠收瓶子，也就够吃喝"。马大姐说，要赚钱还要看机会，也要冒点风险，"比如收铜，那确实赚钱。不过国家没给你执照。不抓住就没事，如果被抓了，损失得可就多了"。运气固然是一方面，做这一行更重要的是关系。只有联系到合适的厂家或者工地，才能收到更多值钱的废品。马大姐说，他们现在专门去接触厂子里面的人。为了谈生意，她还专门花大价钱给丈夫买了一身像样的衣服，"如果脏兮兮的，谁愿意跟你握手呀"。

家庭的愿景："孩子不许碰垃圾"

事实上，对收废品的河南人的污名化和刻板印象，由来已久。在村子里提起他们，我常听到这样的言论："收破烂儿的，十个有九个都是河南人，因为河南人最脏了，他们不怕脏，什么脏干什么。""为什么河南人收废品？因为他们懒呗。"这么多年来，马大姐没少遭遇歧视，无论是直接还是间接的。他们也由此变得封闭，自我保护意识很强，不轻易跟人打交道，与其被人家瞧不起，还不如主动避开。

不过对于自己的家庭，马大姐很自信，也很满足。她说："我知道好多本地的，男的不忠，这一点就不如我们。"她还认识村子里的一个东北女孩，见她会叫大姐的，傍大款，和比自己大十几、二十岁的人结婚，虽然活得很滋润，但她并不羡慕。她说自己和丈夫之间很忠诚，不离不弃，这么多年，感情变得很牢固——在我看来，这两个人很有白手起家、患难夫妻的感觉。她说丈夫对她很宽容："我脾气就是这样，说话直，我一说话，他就不会说什么，就算我说得不对，他都等到以后再说。"又说："每次吵架了，我就叫他滚蛋，一般都是男的叫女的滚，我家是我叫他滚蛋！因为我俩结婚的时候，他啥都没有。"

马大姐常跟亲戚朋友强调子女教育的重要性，"生活的一切首先就是要把孩子顾好了"。自己只上到小学三年级，吃尽了没有文凭的苦。她说有一次想应聘保洁工作，结果人家要她出示毕业证,她就开玩笑骂脏话说:"我×,干保洁都要毕业证!没有!"对于没文凭这一点,她一直很遗憾。小时候,她家里做小生意卖挂面,要她在家帮忙干活儿。每天父母都希望她干完活儿再去上学。天天迟到。就这样,上到小学三年级,她就干脆不去上学了。对此她颇有怨言,怪父母没有远见:

> 我爸妈就知道跟亲戚比,只知道赚钱,把我们的学习都耽误了,他们就没想到再赚钱也赚不过人家,他们就没想到让自己的孩子好好上学,让下一代跟他们比。下一代比不过,还有下一代的下一代!

马大姐有两个孩子,儿子在北京上完小学,不得不回家念初中。马大姐其实想留儿子在身边。可是在北京念初中要交高额的借读费,就算上了,日后也无法适应老家的高考,所以只好送回家。担心儿子在家没人照管,她把儿子送进了可以寄宿的私立初中,每年光学费就要交1.2万元。老家和北京的教育不太一样。河南是高考大省,高考录取分数高,竞争又激烈,学校强调应试,教的内容也深;北京注重素质教育,压力小,教学内容比较浅。很多老乡的孩子回去了,都无法通过同年级的考试,需要复读一两年才跟得上,还好儿子顺利通过了考试，不用复读。这一方面是因为儿子学习本来就不错，也是因为几乎所有的学生都是从外地回去的，大家水平都很一般，结果儿子的名次在同学中还挺靠前。马大姐说，上次回家，她专门问了老师，自己儿子在学校名次是数一数二的。

马大姐说自己的儿子很懂事。她带儿子去京客隆超市买衣服，一件衣服一二百块钱，她让儿子试试。儿子把她拉到一旁说"太贵了，我不要"。儿子既懂事又节约，令她心疼。每次打电话回家，她都反复嘱咐他不要太节约，尤其要吃饱，现在长身体最重要。马大姐强调，以后坚决不让儿子干自己这一行。她提到有一次放暑假，儿子回北京来。他爸忙不过来，就让儿子帮忙收拾一下瓶子。她一下就发火了。她严厉地告诉丈夫，宁愿自己做，绝对不能让儿子动手——"一下也不能碰！"马大姐认为，自己的儿子"一定要拿到大学文凭，有了大学文凭就好办了，我就是找人、花钱买，不管干啥，也要给他找个好工作！"。她还有个希望，就是给儿子在城里买房，"这样，他有钱了，就可以直接买车了，"她说，"这算是我的一个理想。"就像大多数的中国父母一样，马大姐也把希望和生活的意义寄托在下一代身上。也是因为做这个行业受尽了歧视，对于让儿子从事一个体面的、受人尊敬的工作这一点，马大姐有着格外强烈的愿望，她坚决不让儿子接触废品的主张，令人印象深刻。在这个被塑料瓶子、盒子和各种废品塞满的小院里，要想不接触这些废品，几乎不可能。虽然马大姐靠着废品在北京安身立命，一步步改善生活，还打算靠着废品积累的资金，给儿子奠定一个美好前程的基础，但是对她而言，废品就像是一个标志着自己卑微身份的象征，它的"脏"好像具有一种污染性，如果想要下一代拥有一个更有社会地位和尊严的未来，就"一下也不能碰"。

对女儿，马大姐也一样疼爱，不过方式不太一样。她对女儿十分宠溺，女儿要什么都尽量满足。比如去市场上买水果，有上市很早的西瓜，要价很高，女儿要，她就买了，"如果不买，她眼泪马上就下来了"。事实上每次去她家，都能见到女儿放学回家，放下书包、要了钱就去买零食，每次买得都不少。我们曾想给小姑娘一个小礼物，谁知道她看了一眼，就拒绝了。小姑娘很是骄傲："我妈对我可好了，要什么她都会给我买，你这个我不要。"

朋友感叹马大姐对女儿也太宠了。对此，马大姐的理论是，"对女儿好，也就这么多年，等她长大了嫁人了，也就完了"，现在不妨对她好点；而对儿子，"那是一辈子的事儿"，当然儿子也要管父母一辈子。她的说法遭到了朋友的反对，"现在儿子女儿都一样了，我们那儿现在女儿也管老人"。马大姐坚持说："那是因为那家没儿子，像我们家，我有个弟弟，老人一辈子攒的钱，都给弟弟，老人有了病了什么的，就归弟弟管。我也给点（钱），但主要归他管。"朋友又说："现在养老，可能儿女都靠不住了。像这个村有个本地老人，叫别人来管他们，等老人死了，就把房子给这家人。他们对待老人，就像对自己的亲爹一样。"马大姐说："要是再有这样的事儿，我也去，我喜欢伺候老人。"马大姐告诉过我们，因为常年在外打工，她没有多少机会跟老人相处，实际上她喜欢老人，现在公公婆婆老了，留在农村，身边没有人，她其实特别希望伺候他们，尽一点做媳妇的义务，可惜机会不多，这也是她的一点遗憾。

双重的生活：在北京奋斗，在老家消费

对老家，马大姐的态度是矛盾的。她跟我们说过不止一次，"那儿什么都没有"，但是也会说，"老家还是好"。我们问她老家好在哪儿，她说，"老家条件好多了，又干净，比北京强多了"。我们当时第一个念头是："怎么会？"后来明白过来，她在用老家和自己现在的北京生活做比较。来北京这么多年，游玩和消费场所、公共设施、真正属于城市的便捷

和舒适的服务，其实她都没有享用到。她只是住在城乡接合部村子的出租屋里，凑凑合合过日子。她说老家比这个村子干净多了，环境、居住条件比这儿更好。消费方面她也更重视老家那边，这边能省就省，可老家的房子装修得很漂亮，各种电器一应俱全，"该有的都有了"，虽然常年空在家里没有人用，连冰箱都拔了插头，当柜子用了。不过大姐说："将来是肯定要回去的。留在北京门槛太高，不可能，也没必要！"至于回去干什么，大姐一直在琢磨，"也许进点小东西到市场上去卖，要不就回去开个澡堂"。

马大姐就像我们认识的许许多多寄居在城市边缘的中老年"外来人"，过着非常简单的生活：吃住凑合，消费的项目也不多，公共交通不太坐，著名旅游景点也没去过几个。这并不完全是因为他们收入微薄，也是因为他们从来没有把这里当作可以真正展开生活的地方。城市把他们排除在外，他们也没把城市当作"家"，只把它当作赚钱的地方，把自己视为暂时的过客。他们像苦行僧一样，在这里自我剥削般地辛苦劳作，节衣缩食，很少享受生活。对于马大姐这样的收废品人而言，堆积如山的废品使得城市中的家格外不像一个家。它不断地容纳着他人丢弃的废物，怎么可能是一个令人认同的、安适的家呢？废品的非正式经济有一种矛盾性，它一方面不断地召唤和吸纳像马大姐这样的移民前来，寻求经济机会；一方面不停地提醒"马大姐"们，这种容留是非正式的，所以也是暂时的、不持久的。

在这种"暂时性"的笼罩下，"老家"就成了收废品人的一个精神寄托——老家是不一样的。在他们视为真正的"家"那里，他们不愿随随便便。这就是为什么他们把辛苦赚来的钱投资在老家的房子，尽管他们待在城市的时间要长得多，大多数人都是一直干到干不动了，才会回家养老。对他们而言，他们的"根"在老家，"过去"在老家，"未来"也在老家。"现在"在城市，但"现在"是暂时的，尽管这个"暂时"可能有几十年那么长。

冷水村早市一隅：低端商品与垃圾共存

2. 低端企业家
北京收垃圾，老家拾尊严

王大哥
　　四川巴中人，40出头。在陕西当过兵，来北京拾荒10余年，攒钱在老家买了小区房。有两个女儿，中学期间一直留在老家，由自己父母照顾，一个女儿高中毕业后，来北京打工。

　　王大哥40几岁，高中毕业，双眼有神，皮肤黝黑，说话头头是道，滔滔不绝，待人有礼有节。你进院子的时候，他会过来迎你，离开的时候他会把你送到门口。你和别人聊天，他会抓一把瓜子过来塞到你手里。他个子不高，看上去很壮，曾在陕西蓝田当过五年兵。王大哥跟我们说，他父亲是个大学生，在学校当校长，现在退休了，拿着退休金，生活无忧。他的一个姐姐，在成都做生意；一个哥哥也上过大学，也是当老师。说起这些，他一方面显得自豪，另一方面也有点矛盾而复杂的

情绪在里面。他自己高中毕业后就当了兵，可惜复员时国家没有分配工作，他爸爸也没有动用关系给他安排工作，于是他赌气在家里闲了一年，最后跟着老乡到北京，开始做废品生意。

捡垃圾、做废品买卖的王大哥拥有良好的家庭背景，这一点我们无法证明，一开始也想过他可能为了面子才这么说，但又听他不时提到，两个女儿在老家时都由爷爷奶奶辅导作业，后来大女儿到重庆投靠姑姑；还有王大哥那特别嫌弃农村的岳父母。几年来，这些前言后语并没矛盾。他从那样一个家庭出来做废品买卖，免不了带着点赌气和反叛的成分；而他的生意，做得也确实比别人更成功。

第一次见到王大哥是北京奥运会前的2008年7月，我们在他收废品院子的家里，坐在小木板凳上聊天，聊到最近因为大卡车排气污染空气，有关部门干脆不让它们在街上行驶，这样生意也受到了影响，因为无法运输，有一阵子没有人来收购，院子里被堆得满满的。王大哥有点担心整个行业也会被整顿，说"只能走一步看一步了"。他的两个女儿刚放暑假，本来计划在北京团聚，但在这个情况下，大家反而计划在奥运会期间回老家。我们听着心里一沉，全国人都争相赴北京看国家百年一遇的国际盛事时，这些在北京生活快20年的底层劳动者反而跟它毫无缘分，五环之外的他们，还要往老家跑。

王大哥六平方米的家里很黑，家具老旧简单：一张双人床、一张单人床、一个电视柜、一个小茶几。小平房十米外就是堆得超过两米高的废品，家里没有味道，却能看见墙上都已发黑发霉，加上他们省电，不爱开灯也不开风扇，房间里有种闷热感，似乎弥漫着挥不去、抹不掉的灰尘。

虽然我们每一次见面都是在收废品大院的家，可在之后几年很多次的交往里，我们的话题都是围绕王大哥和老婆在巴中老家的县城里，花了将近20万元新买的"电梯房"。每次说起来，王大哥的老婆都不忘提醒，他们新家里有三个房间，120平方米，厨房和卫生间、自来水和煤气都齐备。他们是2008年买的，那时候"电梯房"在四川巴中的小地方，绝对是稀罕商品。他们的家本来在离县城挺远的农村，一般农村人的意识是盖房，大都是在自己原来的宅基地附近，花不到十万块盖个三层楼。但是王大哥说："当时没有想那么多，两个女儿就在县城上高中，我把父母安顿在那里，也比较好照顾。"当年没有在农村盖房，而是在县城买楼房，让这对夫妇在同院子的乡亲朋友之间享有较高的声誉，除了勤奋致富外，房子升值，这都算是在老乡中间比较领先的表现。

王大哥的妻子曾经在北京的一个工厂做工。同在一个城市，夫妻俩却也是两地分居，一个月才见一次面。后来嫌在厂子里打工还不如搞垃圾挣钱,他俩就一人一辆三轮车,两个人共同做起废品买卖了。王大哥大部分时间在工地上收比较值钱的材料,幸运的时候可以捡到卖价很高的金属。相对于他的邻居在小区里负责处理生活垃圾,然后自己淘出有价值的废品,王大哥认为自己算是这个行业比较"中上端的";也是因为自己精明会找路子,所以每天干活儿时间不长,挣得还多。可惜看起来,这样的机会也不多,后来他们开始去小区收垃圾了。他们索性搬到上地的一个小区,物业给钱让他们负责处理垃圾,还让他们免费住在地下室里。他们在冷水村的房子作为"根据地",并没退租,但是我们就很少有机会见到他们了,除非他们回来"休假"。

难以名状的行业秘诀

王大哥很少用"脏""累"等贬义词形容自己的工作,反而经常用"轻松""自由"等字眼来形容自己。又说"在厂子里打工很累,从早站到晚赚不了钱",而收废品,他"爱什么时候出去,就什么时候出去,下雨刮风就休息,而且赚的钱比较多",等等。事实上也确实如此,在那几年,如果王大哥每天出门干活儿,月收入能超过3000元,比起在附近研究所的厂子里打工只有1500元、加班后才有2000元的月薪,要高一半以上。

说起这个行业的秘诀,他没有像其他收废品的那样,说只要不嫌脏就可以,反而得意扬扬地说:"做这个吧,可能就需要点小聪明!"之后他也没有再解释小聪明是什么。我们只能猜想做这个可能需要狡猾一点,以低价获取其实可以卖得高价的材料,比如把铜说成铁,甚至在重量上做点文章之类的。

可以说,与其说王大哥是拾荒者,不如说他更像一种低端的"企业家"——每一分钱都是依靠毅力(每天在外奔波)、意志(通过网络、熟人,自己努力寻找废品)、对成本和卖价的精打细算,还有自己的劳动力、对脏臭的忍耐积攒起来的,进而经营一个可以养活一家人的废品生意。当然,他没有任何的社保、假期、福利等保障。虽然收入比起打工者不算低,但是他们两口子做什么都非常节省。我们有一次在路上,遇见王大哥在面食摊上买几个小馒头当午饭吃。老板拿了大的馒头,他坚持换成小的,因为小的稍微便宜一点。又有一次我们一起到饭馆吃饭,问起在北京开伙贵不贵,他们说不贵,因为自己会在门口种点辣椒、黄瓜、西红柿,差不多不会买肉吃,剩下的花销就是酱油、糖、醋等。可见王大哥对每一分钱看得都很重，因为所有这些都是他的劳动成本，他自己越省，就代表收废品的成本越低、盈余越多。

王大哥的赚钱空间恰恰是北京那些高度发展、低度回收的建筑工地，和冷水村这种大型资本没有兴趣投入的地带；凭着低租金、干劲和节约，他开创了自己的小生意。他在布满建筑废弃物的工地里寻找值钱的材料时，其实承担着很多风险，包括高强度劳动、污染物等带来的健康和安全隐患，也承担着社会对他们的污名化。但是这些都不包括在他所计算的那个成本里，他一心只想着挣得比一般工人高的工资。王大哥当然没有跟老家的亲戚说自己在北京干什么，只说是打工的。对于其他人的歧视，王大哥选择视而不见，最多"阿Q"一番，他说有一次收垃圾，"有个女的从旁边走，捂着鼻子，我心想，你看不起我，我还看不起你呢！"。又有一次他去小店打长途电话，本地人对他的态度不好，他说："我们那儿也有外地人，你到我们那儿，也是外地人！"

跟大部分中国平民一样，王大哥两口子的收入除了买房，加上农村老家不断走亲戚送人情的开销之外，最主要的投入就是两个女儿的教育。第一次跟他碰面，我们谈到外出打工者的小孩留在家乡的事，王大哥马上就把问题提升到"留守儿童"这个社会现象上，还发表了很长的一番演说，我们当时大吃一惊，没有想到一个做废品生意的，会那么善于辞令、分析到位。

留守女儿的教育难题

一提到女儿，王大哥的语气就立刻缓和下来，眼神也会变得温柔点。两口子都非常爱女儿，经常说起她们在老家的点滴，我们也会一起看她们在老家的照片。为了解决在老家留守的两个女儿的教育问题，王大哥可谓处心积虑，一点也没有放松。2010年的时候，他大女儿上了一个中专，学旅游。他除了给她买了一个手机外，还发了一条长达几页的短信，告诉她要专心学习，父母很支持她，干一行要爱一行，总是会有好前途的等。王大哥对子女的关注，不单在于升学，他更关心小孩的素质和品德，甚至包括穿衣打扮是否朴素，等等，他和老婆都经常在电话、短信里提醒她们这些。实际上，他们非常依靠、也不得不通过电子通信，来执行对子女的教育。他们还经常和女儿学校的老师通电话——这个家长和老师的交流方法，当今在农村中学可谓十分普遍，电话替代了家长会、家访。在全球化语境下，亲子关系以至关爱、管教，越来越依赖计算机、各种实时通信软件和电话来完成，父母身份的电子化，就算在冷水村这么偏僻的角落，也一样地普遍。

王大哥说自己很担心小孩会上网过度，大概因为他自己常常听说有些留守儿童沉迷网络的事情。他还很担心她们看什么不良的网页，学坏了。为了教育女儿，他简直是处心积虑：

> 有一次我骗她俩，说今年过年不回家了，因为生意不好，没有赚到钱。其实我回家了，但是没有往自己家里奔，先在亲戚家里住下来，然后到学校附近的网吧守着，看看自己的小孩有没有在网吧流连。我蹲了两天没有看到孩子，又琢磨是否她们碰巧这两天没有来。后来回家了，我还要套她们的话，说网吧老板是我战友的老婆，人家告诉我我的孩子总去上网。我的两个女儿说根本不可能，因为从来没有去过，我才终于放心。

王大哥为人精明，疑心也有点重。当然，以这样的方式教育孩子，还是与他长达20年人在北京有关。陪伴女儿成长，不得不让路给生计，确实是种无奈。电子通信一方面让他能拉近与子女的距离，维持沟通；但另一方面又产生更多认知上、代际上的隔膜。王大哥的偷袭检查，可以说是一种父亲对女儿的爱，可无从表达，想要教育又无从下手，只能以一种偷袭的方式呈现。当然，虽然一直有担心和疑虑，王大哥还是非常肯定自己的女儿，认为她们是懂事的、乖巧的，不会学坏。

2011年的夏天，王大哥的大女儿小菊毕业后到北京找工作，我们终于第一次见到了整天被王大哥挂在嘴上的孩子。小菊话很少，不太跟我们交流。可以想象，虽然小菊终于可以跟父母团聚了，但是冷水村的居住条件（十户人共享一条水管，尿粪堆满的厕所，满院子的垃圾、污水等）与她在县城楼房里的家天差地别。小菊在北京找到的工作，是在"金凤成祥"面包店卖面包。王大哥两口子可以做的就是她上早班时5点多陪她到公交车站，上晚班时12点到车站接她回家。王大姐说："一早一晚我们这段路没有路灯，怕太黑了。"

最后一次跟王大姐见面时，她告诉我们小菊走了，跑到成都姑姑那边，在铁路局当乘务员，小菊更喜欢成都和那边的工作。另外一个变化是，王大哥转行了，到附近一个厂子工作，但是王大姐还继续卖废品。两个人没有打算离开北京，虽然大女儿工作了、小女儿马上高考，他们认为生活压力降低了，但是整个工作、生活网络都在北京了，所以反而没有想着马上回去生活。

使人重拾尊严的老家"电梯房"

王大哥特别为他们在县城的"电梯房"拍了一段视频，虽然他们没有很多机会住在那里，但是这个家远比他们每天居住的平房有意义。这个房子，并不如外人所认为的那样是多余的，它是农民工一种乡土感情或者责任的寄寓。这个楼房住宅除了显示他赚钱的能力外，还有更深层的意义。其中之一可能是对老爹的一种示威，象征着他对当年离家京漂决定的一种无悔。此外，王大哥有次跟我们提起小区的邻居，他这样说：

> 邻居有的是巴中县城的人，有的是农村的。那些县城人就很尊重我们。我一个邻居，一看就知道很有钱，他的装修很豪华，我家不能跟人家比，有次人家来借东西，问我是在哪里发的财，我说在北京，人家还说以后"带上我"之类的话，并没有瞧不起我。

这个例子，王大哥提过不止一次，他说的时候，流露出一种既骄傲又谦虚的矛盾感情，骄傲是因为自己在巴中县城当上了一个高档小区的居民，谦虚是因为自己的身份确实不如邻居。当然，最主要的情绪是感激，他很感谢邻居尊重他，这种尊重对他而言，确实是一种在北京时比较稀有的感觉。

收废品的工作为王大哥在北京带来种种歧视。垃圾的脏和臭也成为王大哥"城市身份"中难以抹掉的一部分，显得他在垃圾院落的家更简陋、灰暗和破旧。但这种种的不公平，却可在他在老家县城新买的"电梯房"里奇妙地被抵销。在这老家的新房里，他有了新的身份：不是一个做收废品买卖的人，而是一个县城居民，一个可以教导女儿的父亲，一个抬起头来的儿子——一些在北京很少展现的身份。在这新房子里，垃圾是用来丢弃的，而不是回收的。转变对垃圾的实践，使得王大哥可以把多年收藏的尊严、面子、自信，一一整理，再细细品味。

3. 底层的生存策略
从"超生游击队"到"黑心小作坊"

图大爷

河南淮滨人，生于上世纪40年代初。大儿子来北京十余年，一家人随后陆续来京，包括二儿子一家、三儿子一家、女儿一家，现在在北京四世同堂。前几年开始，和老婆一起在冷水村经营半捡半收的废品生意。

在我们的城市，像图大爷这样的角色和形象，你不会陌生——身披破旧变色的军大衣，头发和胡子花白，身材佝偻，发黑的脸上满是皱纹，看起来比实际年纪要苍老，河南口音，驼背弯腰，到处搜寻，在桥洞下、街角里捆扎捡到的废品。他就是那个收破烂儿的河南老大爷，然而你不会知道这个老大爷的故事：他从哪儿来？为什么来？住在哪儿？有什么样的家庭？

热情好客的老人家

和图大爷最初的接触是在冬天，我们直接闯进他的家里。他租住在冷水村的一个小院，和老婆、三个儿子、儿媳，以及孙子、孙女，一大家人住在一起。女儿和女婿也住在同一个村子。这个小院对于他们一大家人来说，正好合适。一进门左边是一排小屋，每个小家庭一间，右边有一个小棚子，当作简易的厨房，还有一个小院子，堆放着大爷积攒的废品，为了遮风挡雨，也搭了一小片棚子。第一次看见他们壮观的布鞋山，都会叹为观止，一双双灰白色的布鞋，有的很破，有的还挺新的，从地上排开往上堆约宽三米、高两米的面积，起码有几百双鞋，应该能卖出不少钱，走的时候他甚至还热情地问我们，鞋子要不要挑一双带上。

以后每次见图大爷，他都热情地邀我们进他的屋子里去坐。他的房间和这个村子里其他的屋子差不多，十一二平方米，里面黑乎乎的，有简单的柜子和一台电视。还有两张床，空着一张，图大爷说是为有时候过来看望他的亲戚准备的。比起这个村子里常见的出租屋，他这间好像更黑、更冷、更杂乱。在光线好的时候，我才看清楚，原来房间被各式各样的旧货堆满了，甚至还有一大堆旧玩具，大都是从废品中捡回来、打算再利用的。电视机也是从废品里捡的。一到他家，他就叫我们坐在床上，然后打开电视。可是电视坏了，仅有的三个台都特别模糊，还有刺刺啦啦的噪音。他问我们会不会修，还把遥控器递过来请我们调一调。我们注意到这个满是污垢的旧遥控器和电视不配套，一问才知道，遥控器也是从其他地方弄到的旧货。

在冷水村，收废品或者捡垃圾的，把废品中可以用的东西收回来自己用的情况并不普遍。有的人是坚决不用，有的人偶然见到确实还不错的东西，才会捡回来再利用。通常来说，他们可能会回收利用的东西主要是衣物，尤其是鞋子，还有给小孩子的玩具。像图大爷这样，大量地从废品中拣出东西来自己用，还是很少见的，当时就让我们认为这位从河南农村跑来北京捡破烂儿的老人特别可怜。

现实当然没有我们想象得那么简单。确实，图大爷样子老迈，穿得破烂，用的尽是些废品——不像有些收废品的，为了尊严，特别要把自己收拾得干净体面。他弯腰挑拣废品、弓着背拉车的样子，看起来不免有些让人心酸。不过，如果只觉得他可怜、令人同情，就太简单了。越是了解图大爷的故事，就越是觉得这个家庭不简单，他们的故事令人意想不到，积极的底层生存策略令人惊叹和佩服。

图大爷为人热情淳朴、不设防备,不像许多河南废品从业者那样小心、封闭、自我保护。说起"姓图的老爷子",村子里的人无论本地的外地的,很多都认识他。你跟他搭话,他就跟你聊;你上门,他就请你进家里坐;你要走了,他还三番两次地留你吃饭。最让我们感动的是,有次去他家找他聊,离开的时候,他问:"包汤圆会吗?"我们奇怪他为什么这样问,回答说"会一点"。他说:"好,晚上在这儿吃饭吧,包汤圆。"我们连忙推辞,起身打算离开,听见他喃喃地说:"你们可怜。"我们不解,问:"什么?"他说:"学生不容易!学生最可怜了。"

图大爷的故事,还是让我们从头说起。初次见面,他问:"你们跟我说说,你们是来干什么的?"我们解释说是学社会学的学生,这是在做社会调查。他说:"哦,是不是来'串联'的?你们是不是到处去跑?还去过哪儿?"时代气息如此强烈的词语,令人哭笑不得。聊过才发现,虽然图大爷人很好说话,也爱交朋友,但在所有的访谈对象中,他是最难交流和理解的。这不仅仅是因为他的浓重口音,还因为他的表述和用词令人费解,比如"串联"这样的词。所以很多时候,虽然聊得很热络,但其实是我们问问题,他自说自话。总觉得图大爷想跟我们说很多话,但大概我们只能听懂很小一部分。有时候，在图大爷家聊天，感觉像穿越时空，到了一个比黑白电视的年代更久远的昏暗时空，音像模糊不清，两边的人在对话，但大部分时候却牛头不对马嘴。我们根据这些零星信息，拼成故事。

另辟蹊径的求生之道

图大爷这年不到70岁，来自河南淮滨，这是他在北京的第四个年头。实际上，图大爷不是标准的农民。年轻时，也就是1958年，大炼钢铁，他曾经被招到武汉钢铁厂做工人。图大爷还是个八级电焊技工，现在说起来，他还是相当自豪，说自己当年懂技术、挣工资，别人也都瞧得上，"以前在家，我是先生哩"。实际上图大爷相当心灵手巧，到现在都是剪纸高手。1966年，他又应征入伍，进部队当了四年兵。当时，他有一个老母亲在家，他们那儿又有种说法："七级工八级工，赶不上社员一沟葱。"经不住别人劝说，当兵结束后，他又回到老家了。虽然户口在厂里，但是又在老家重新分了地。几年后回厂里，厂里说已经把他的户口销了。一来二去，又变成了农民，厂里的福利也没下落。他讲这些过往，就像讲别人的故事一样平静，已经听不出任何抱怨的情绪。

说到为什么来北京，得到的答案又是出人意料的。他直言不讳，说是为了躲避家乡的计划生育。十多年前，大儿子的媳妇有了第二个小孩，他们一家就先出来了。但是老家的计生办继续追查图大爷一家，弄得颇不安宁，最后受不了了，迫不得已，一家人陆续出来，落地在北京郊区。说起计划生育，图大爷又翻起了老皇历，感叹说："早的时候，哪有计划生育，谁坐个月子，还奖励哩！还补工分，啥都有！"

总之，这个"超生游击队"最后落地北京寻求机会，一家人干各种各样的活计，分工合作，充分发挥各自所长，以求在京城边缘的这样一个村子里生存。大儿子给人打工，有时候又靠给人送菜赚钱。二儿子和三儿子来京以后，除了打散工，还做过不少小生意，从煎饼到馒头都卖过，曾经干过的事很杂，但是以我们估量，还是积累了一些本钱。如今三儿子开了一家小饭馆，服务着同样是外来打工者的顾客，还有辆价值五六万的二手小货车。虽然车窗被村里调皮的孩子给砸了，但可以看出来，图大爷看着这辆车还是有些骄傲的神色。女儿、女婿也有车，靠给人送液化气赚钱。

老两口儿从前帮忙带孙子，后来开始捡破烂儿，本来想是补贴家庭收入，现在孙子已经长大上学去了，没想到专业捡卖废品利润还不错，倒成了家里一大经济来源。图奶奶跟我们说，这些年过去，老家的计生办已经不会跟他们计较了，但是他们已经无意回老家了，因为两老在老家地里劳动，不但要赔钱（浇水、肥料、种子成本高涨），而且劳动力的付出与收获完全不成比例，倒不如一家子留在北京。图奶奶的说法是："在北京捡破烂儿一天起码能赚几块钱，在老家一天都在愁从哪里能弄一个钱。"

在冷水村，废品行业有一个不成文、但大家都知道的地域分工。河南人或走街串巷，或开办站点，废品是拿钱收购的。而四川人是靠捡，如果交钱，也是为了承包一个小区或者一片地方的垃圾。双方还会为此做出不同的解释，四川人的解释是"河南人懒"，所以不愿意下苦力去捡，而对此河南人则解释为"四川人不嫌脏，什么脏活儿都愿意干"。在这一点上，图大爷和那些开废品收购点的河南人不大相同，他的废品来源更丰富，有收的也有捡的，还有名义上是收，但实际上别人并不向他要钱的，而且他很聪明地开拓了一个别的同行都没有涉足的疆域——村子后面的山里。山上有些驻扎训练的部队，本来部队不允许外人进去，但是那些人看老两口儿年纪这么大，却无论严寒酷暑、刮风下雨都弯着腰在那里捡垃圾，很是可怜，于是干脆每天把饭盒、瓶子和其他的废品收好，定期交给他们。部队还不时有一些小建筑项目——不用说，废品全部留给二老。就像这样，图大爷利用自己是老人的身份，又会为人，建立起这种长期的关系，加上半收半捡的策略，货源充足，其实在冷水村干得还不错，收入不菲。从堆积的布鞋山和每天用车拉进拉出的货就能看出来，他的生意甚至比其他年纪轻的人做得还好。总的来说，图大爷两口子不是可怜地在城市边缘博取别人同情的农村老人。实际上他们以自己的智慧和策略，在这个即便是非正式经济领域，竞争也异常激烈的市场上，慢慢摸索出一条生存之道，绝不简单。

说回图大爷开餐馆的三儿子，我们问起餐馆在哪里，本来想要去看一下，把两老说不明白的事问清楚，但没有想到图大爷竟然说，儿子最近被抓进监狱里去了！去年端午进去的，已经关了八个月，还差一个月就要出来了。问为什么，图大爷满腔气愤，说是"包粽子"被抓了。后来才搞明白，原来每年端午节，三儿子都会制作一批粽子卖。去年正在晾晒清洗完的粽子叶，被执法人员看见，"执法人说是太脏，就被抓起来了"。我们估计，除了卫生条件问题，恐怕他们也没有什么营业执照，实际上在冷水村范围内，大部分小生意小作坊之所以能生存，就是因为他们都没有按照规则申请执照，而如果他们必须办理经营许可证、卫生执照之类的行政手续，恐怕很多人就不会干了。首先,他们并不了解这一系列申请审批的手续;就算了解,对他们而言办手续成本也太高,根本无法小本经营。

图大爷对于他们一家人被称作"黑心"食品制作人,觉得非常冤枉。这可能是因为他并不认为那些粽子叶子是脏的,也可能他认为大家都是那样做的,不明白为什么就他们一家倒霉。"黑作坊"的经营者在新闻媒体上常见,对于我们而言,这是第一次听到那些"来源不明的黑心小吃"制作者的叙事。从图大爷的角度,儿子被抓毫无道理,很不公正;从执法人员或者主流媒体的角度,取缔这些无牌照经营的黑心老板理所当然,势在必行。

但从我们希望了解他们的生存状态的角度,又看出事实的另一部分:在有大量外省农民工为了服务城市化需求而居留北京的这种边缘地区,一天要解决三餐,他们无力在市区消费,也没有自己做饭的条件(住在没有厨房的宿舍、自己做饭成本太高等),而有食品安全保障的大型连锁食品店也不愿意在那里开店,到底这三餐如何解决?可能就得依靠像图大爷儿子这样持点小本金,有点厨艺,肯冒风险,肯一年不放假,以低成本进货、售卖便宜熟食,并以好味道、低价格、分量足,满足这一群体的吃饭问题。我们无意为图大爷的儿子或者"黑作坊"辩护,只是在冷水村范围里,可能所有的餐饮服务者都像图大爷儿子一样,根据时节和市场的需求变化,制作食品营生,默默地服务着附近大批的农民工,他们很难有什么执照。比如有一家江苏人,子承父业十几二十年,一家人的生意就是每天早晨给或远或近的工地工人供应早餐的油条,头一天白天把油条批量炸好,每天凌晨起床,开着小面包车满城送货。他们的厨房,就在我们走访的收废品场子里。夫妻俩每天在一个臭气和灰尘冲天、脏水淹地的废品场子的角落,擀面、下锅、包装、上货。一看就知道,他们毫无疑问是头号的黑心作坊人,但是对于每天在附近各工棚栖息、马上要辛苦劳动一天的工人来说,这江苏夫妻档的油条靠谱——性价比高,准时送货,能让他们每天早餐吃饱吃好不拉肚子——至于厨房的环境,当然就很少人有追问。实际上,这油条夫妻档经营得一点不轻松,除了场地租金便宜外(收废品院子一间平房的月租金,2010年维持在180块),食用油等食材的成本高速增长,加上送货的油费,夫妻俩无论寒暑,一天天围着热油锅转的劳动回报越来越低,他们终于在2012年决定结束营业。

可能在主流媒体报道里,图大爷的儿子或者这对卖油条的夫妻,都是专门欺骗人、毫无道德的黑心小贩,但另一部分的事实是,他们是大部分城乡接合部熟食小作坊主的缩影,他们以各种我们意想不到的方式千方百计地在城市的边缘寻求着生存机会,供应着一个主流话语体系之外、主流市场无兴趣但人数巨大的低端消费群体的生活必需品。而庞大的"外来人口"的"低端"市场需求,虽然正规的大企业看不上,却给同样是进城谋生的农民提供了一点点机遇。

回头再看图大爷的家庭历史,简直可编成电视剧:普通的农民家庭,为了逃避计划生育,翻山越岭,从偏远的山区跑到北京的角落,另谋生机,重新做人,终于稍微安顿,老两口儿靠的是不怕脏、不怕苦加上巧妙的经营策略;少两家靠的则是小本生意,勇于冒险,看准了市场需求随机应变,在非正式经济中寻找微薄的利润空间,一家人分工合作,在北京图的不过是温饱和平安。但是他们并没有被放过。以前是超生游击队的逃兵,现在变成黑心作坊老板。纵然落地北京近20年,那些歧视农村人的刻板印象,从来没有离开过他们,实际上在北京这种到处是门槛的大都市,他们也只能在这些刻板印象的框架里努力创造空间,聪明丰富但委屈地继续生存。

而城市产生的垃圾,就像磁石一样,紧贴着这些住在城市边缘的底层移民,很多时候与他们的工作居住点为邻,成为他们城市生活的一部分——一时是他们的救生圈，为他们提供最低温饱策略，一时却又是执法部门控诉他们违反公共卫生标准的理由。对于图大爷而言，垃圾这种时敌时友的物质，已经跟他移居北京十几年的经验紧扣在一起，不可分割了。这种物质性甚至穿透经验，刻画进了他的身体外貌。这就是为什么你在北京街头，总会看到这样一个穿着破烂军大衣、身材佝偻、脸色发黑的捡破烂儿的河南老大爷。

II

垃圾场上的家园

拾荒社群的组装家庭和想象的老家

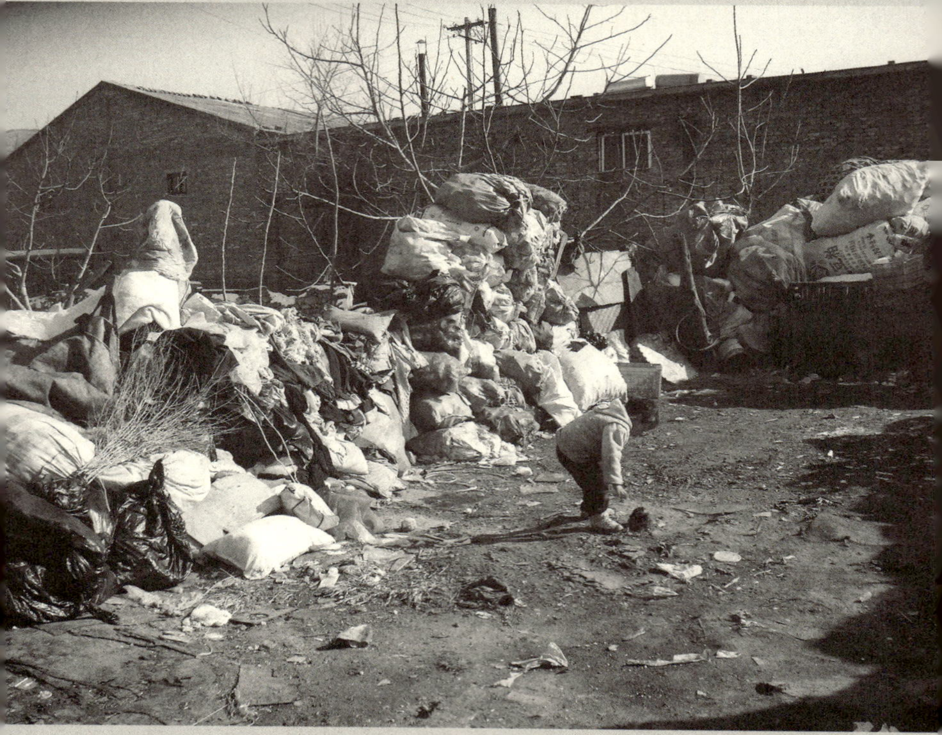

拾荒者到底是谁？看似神秘的拾荒者，他们住在哪里，又过着怎样的生活？

本书想要呈现废品从业群体的复杂多元性，废品从业者事实上并不是"一个"同质的群体。在整个废品回收系统中，他们分担着不同的工种，扮演着不同的角色，他们也不是千人一面的。他们中，有的来自河南，有的来自四川，还有河北、安徽……有的经过数年努力，已经在老家购置房产，有的还在为谋生而苦苦挣扎；有的只是这个行业的散兵游勇，有的从业多年，有着丰厚的经验和资本；有靠着垃圾这样一种其他人不愿意染指的东西维持基本生计的老年人，也有梦想着在这个领域碰碰运气"淘金"的青年。在我们所调查的对象中，捡拾者大多来自四川巴中、仪陇，收购者大多来自河南固始、驻马店。

本书还想要打破对拾荒者的另一个过度简单的想象：他们是一个个面目模糊的个体。在这样简单片面的印象中，他们以孤单的姿态出现在城市中，收垃圾、捡破烂儿，没有家庭，没有生活，没有历史。事实上，他们不但举家迁移，还在新的迁居地展开了全面的生活。他们不仅有家庭，还有聚居的群落。群落围绕垃圾形成，最初是为了方便分拣和堆积垃圾，很快就变成了一个功能全面的小区。

这个部分将会带读者走进拾荒者的小区。首先呈现的是拾荒小区日常工作和生活的场景，继而会通过分析，尝试理解这个社群的独特性和社会文化意义。

四个具体的故事，有关于四个居住在拾荒社群的家庭。第一个故事讲述了一对拾荒父子。父亲是一个有创业精神的年轻人，"80后"，他在拾荒场上苦苦摸索着生财之道，也在这里抚育自己的孩子；儿子大熊在父亲的垃圾场上成长，垃圾场是他的育儿所，也是他的游乐场。第二个和第三个故事，主角是两个"拾荒二代"的年轻女性。她们的故事各有不同，又有相似之处——作为"拾荒二代"，她们远离这个行业，但却再次回到拾荒者聚居的大院。她们在老家和城市的其他地方难以找到自己的位置，这个大院倒像是"家乡"。她们不但回来建立生活，还把自己的幼儿带来抚养。

最后，一个从业多年的"老北京"的故事，部分地回答了这些问题：这些人为什么要收垃圾？他们有着怎样的自我认同？拾荒对他们来说意味着什么？他觉得拾荒最大的好处是"自由"——这是一个在拾荒者中非常普遍的说法。自由，对于拾荒者来说，究竟意味着什么？问题的答案，将在他的故事中展开。

走进拾荒社群

捡垃圾是个苦差事。为了工作方便、节约成本，拾荒群体的生活空间和工作空间是合二为一的。拾荒群体往往聚居在一个大院里面，一来院子里面的场地可以共同堆放货物，二来这样的院子也很少有其他租户愿意入住。这样的院落或大或小：大的有数十间几平方米的小房，中间是几百平方米的空地；小的只有四五个住户，但一样有宽敞的、可以堆货干活儿的空间。

拾荒群体的工作和生活环境，确实令初来者难以忍受。地面无处下脚，下雨会把整个院子变成坑坑洼洼的泥沼，而仅仅是垃圾里面流出来的液体，也会让地面湿滑不堪。当然，进入这个空间，最受冲击的首先是嗅觉。扑鼻而来的那种垃圾特有的酸臭气息，冲进口鼻，强烈的气味令人窒息作呕。在这样的空间待得久一点，会令人头晕。接着映入眼帘的是充斥整个空间的、数量庞大的垃圾：废纸、塑料袋、饭馆的潲水、丢弃的食物、破衣烂鞋、瓶瓶罐罐，各种你想得到和想不到的垃圾，看起来既熟悉又陌生，你能透过它们想象各种人物的城市生活，但又惊讶它们离开我们的生活后，转眼就变得这么令人难受。没有分拣的各种垃圾混在一起，很多时候是一小袋一小袋的，令人不难想到它们就来自居民家里。垃圾堆里蚊蝇成群，污水横流，不时有觅食的猫狗进进出出。而大量被分拣过的、细分成不同种类的塑料、金属、纸张，被捆扎和打包，分门别类，整整齐齐，堆积如山，颇为壮观。

非正式经济与垃圾所建构的暧昧身份

我们如何理解收废品人和他们的社群？他们是谁？源自什么样的社会脉络？废品、垃圾究竟如何影响了他们的生活？应该如何理解他们聚群而居的生活形态？他们的社群有着怎样的性质？

首先，来看看他们是谁。我们认为，本书中所呈现的拾荒者和收废品人的身份是暧昧的、矛盾的、难于界定的。而正是这种身份的不确定性，一方面构成了他们在城市生存和取得收入的基础，另一方面也遮蔽了他们被剥削和受双重歧视的处境。

收废品者是"农民工"吗？一般说到农民工，我们马上想到的是比较典型的工厂工人或者建筑工人，他们住在宿舍，和家人分居两地，以工资为收入，有时候会被欠薪。而拾荒和收废品群体虽然同样来自农村，寄居在城市讨生活，但并非典型的农民工。首先,他们属于"非正式经济"[①]领域的工人。差不多所有从业者都是以"老乡带老乡"的方式入行的。老乡或亲戚通常会传授行业信息,口耳相传知识和技能,可以让新来者一到城市,就找到谋生的立足之地。入行之后,他们会继续加入并且持续编织这样的老乡关系网络。其次,在城市当中,他们地位低微,又缺乏城市生活的经验和技术,所以非常弱势,比邻而居则可以自我保护。

收废品群体兼具自我雇用者和工人的双重特性。说他们是自我雇用者比较好理解,因为他们看起来就像是"小老板":以"买卖"的方式获得收入,对自己的"生意"可以做主,自己决策和安排。而他们也很喜欢用"自由"来形容自己的工作和生活,特别是较之在工厂"朝九晚六"的打工者,拾荒和废品从业者确实不用受老板或工厂纪律的严格控制。不过另一方面,他们其实是非正式经济领域的废品回收再造行业的"工人"。他们付出高强度的体力劳动分拣、分类、收集、运输,把本来毫无价值的垃圾变废为宝,把可回收物从垃圾堆里回收,使之重新成为生产原料。他们的劳动投入,推动了废品回收再造产业的发展,在一定程度上让我们的垃

---

① 参见本书导言及第一部分对于"非正式经济"的探讨。

圾中的可回收物在没有相关部门支持的条件下得到回收。也正因为他们所从事的工作不受行政管理,属非正式交易,其"灵活积累"(flexible accumulation)的特征——利润第一——才尤为明显。这就造成拾荒和收废品群体的内在矛盾:他们的"自由"其实是没有假期、没有保险、没有任何保障的,是计件领取报酬的,也可以说,是以一份没有社会认可的工作换得的。

收废品人聚群而居,共同劳作、生活——垃圾被运回大院处理和存放,吃喝拉撒睡也在大院里完成的模式很普遍。在冷水村,这样的大院有五个。外来打工人口守望相助,老乡们共同居住,形成大院;大院对于外界相对封闭,内部互动密切;大院是居住场所,同时也是生产劳动和交易空间——这些现象,已经有学者做出精彩的讨论(项飚,2000;Zhang,2001)。Zhang将来北京做小生意、聚居而成"浙江村"的浙江人称为"都市中的陌生人",项飚则称"浙江村"为"跨越边界的社区"。Zhang的研究呈现了当代中国空间与阶层、国家—社会关系被同时生产(co-production)的过程,她认为"浙江村"作为流动人口栖居的空间,不仅仅是地理的空间,也是权力的空间。

本部分的章节将会对这个中国都市空间、城市中的外来人口和大院的理解推进一步。首先,我们引入了"物"的维度。我们相信，在这个"空间—阶层—权力"结构被建构的过程中，不仅仅只有人是其中具有能动性的行动者。回到拉图尔对于社会如何组成的认识，我们相信物、技术、环境等因素，也会在这个建构的过程中，起到关键性的作用。垃圾在我们的研究中，就是这样一种具有建构性能力的"能动之物"。垃圾被城市空间排除——或者说，通过对垃圾的排除，城市空间保持了其现代化、卫生、洁净的特征，以及其作为生产和消费场所的身份。垃圾被运输到城市的边缘——城乡接合部，又建构了新的空间和社会关系。

另外，在废品大院这个"生产—生活—老乡"空间，垃圾除了成为收废品人的生产资料外，也同时建构了他们的社群、生活形态，乃至情感和精神世界。以下，我们会介绍收废品小区两个比较突出的特征：封闭群体里的组装家庭，和对美好老家的向往和建构。

封闭的收废品群体

很多时候，拾荒者群体给人的感觉是封闭性的。与一般农民工相比，使废品从业群体和这个城市发生密切联系的，不是现代化的工厂、高楼大厦、四通八达的道路桥梁或是精美装修的居民住宅,而是现代性的反面、他者——城市生活每天产生的垃圾。实际上,垃圾作为一种肮脏的生产资料,直接造成这个群体的聚居形态,和连带的一种特有的封闭性。为了把垃圾变废为宝,他们需要海量的垃圾,然后再在这垃圾山里面寻回和分拣具有价值的材料。垃圾量太大,就需要场地存储。更重要的是,垃圾是令人感到肮脏和厌恶的,是所有人迫不及待想要排除出自己的生活空间的。为了处理海量垃圾,他们就不得不创建和维持一个与外界隔绝的、属于自己的空间。院子要足够大,要能提供场地来分拣和积累存放货物。

此外,为了工作方便、节约成本,拾荒者的生活空间和工作空间是合二为一的。他们需要每天长时间和垃圾打交道,生活也会围绕垃圾来安排,例如,和垃圾相处,就决定了他们什么时候以及如何吃饭、清洁、休息,穿着什么样的衣物、使用什么样的生活用品。如此,生活、工作和垃圾融为一体,就形成了聚群而居、在这个空间中既工作又生活的独特形态。聚居的群落,也结成了相互交织的紧密的关系网络。

拾荒者们白天就蹲在各自的垃圾堆中,一刻不停地分拣着,偶尔也会相互聊天,不时传出欢声笑语。他们常常很早就开始一天的活计,随着夜幕降临,一天的活儿也差不多干完了，拾荒者这才各回各家，小屋门口搭建的简易灶棚升起炊烟。他们打开只能收到四个台的破旧电视，在自己十平方米的小屋里吃饭、交谈、早早睡觉。第二天一早，天还没亮，这个城市的大部分人还在睡梦中，他们就又摸黑起身，骑着三轮车前往各处收集垃圾，然后拉回家，重复一天的劳作。

像夏天、秋天这样的温暖季节，他们有时也会提早一点结束工作，聚在院子里玩纸牌。输赢不大，但是说着家乡话，开开玩笑，也是其乐无穷。取出澡盆来，给孩子洗个澡，也是乐趣。冬天的傍晚，他们则会找出从垃圾里收集到的木头，生一盆火，烤火取暖。头发也要在这时候洗，顺便烤干。这个时候往往是感性时刻，大家围炉取暖也彼此温暖，聊到老家，聊到家乡的风物人情，聊到远在老家长久未见的儿女、父母和其他亲人，聊到家族的历史老故事，也聊到自己未来的梦想。

这个封闭的空间和情感网络，具有无可替代的功能。这个网络首先是一个信息网，他们可以由此得知某种货物的行情、价格，交换信息以至对政策、对形势的理解，从而在一定程度上保护自己的利益。这也是一个休闲娱乐乃至相互支持慰藉的网络，其中彼此的感情纽带，为这个"身在异乡为异客"又格外被边缘化和歧视的底层群体，提供了情感支持。

此外，这还是一个互助的网络，他们会彼此提供各种支持和帮助，增强自我保护乃至议价的能力，也互相帮助处理突发事件、共渡难关。我们把这种集群性的网络，以及各种相应的"行规"，理解为一种社群性的表征，其中的规范（norms）起到了信息流通、资源交换、确保行业顺畅运行，以及保护和支持的作用。

"组装家庭"

废品场有一个独特的现象，我们称之为"组装家庭"。和工厂打工者不同，废品从业者通常是一家人迁移到城市生活的，但是这个家庭往往又是不完整的。比如：老两口儿在北京，儿女陪着孙子留在老家；年轻夫妇出来干活儿，把孩子留给老家的父母；两代人轮番在北京干活儿、留守老家。这样一来，在他们共同生活的群落中，常有这样的情况：不同的小家庭组合起来，合伙吃饭、娱乐；老中青三代不是一家人，却坐在一起吃晚饭、烤火，共度一天不多的闲暇时光；还会相互提供各种生活、家务上的帮助，尤其是带孩子，常常是互相帮忙照看，一家有小孩的话，亲戚、邻居都会来管。组装家庭为社群的成员提供着情感上的慰藉，也提供着生活上的便利和支持。像家人一样互相支持，就使得这个社群的紧密度更高，而对于其中有些居民来说，这里就像是他们的家园，甚至像老家一样。

废品行业既构成拾荒社群的封闭性，也同时构建群体之间的交往，逐渐形成了老乡、亲戚、邻居、同业的支持网络。由此，建立在废品经济之上的工作和生活形态，塑造了他们诸如"组装家庭"的社群性。当然，说组装家庭并不是说他们原来的家庭在结构上已经被拆分和重组；事实上，他们原来的核心家庭和扩大家庭依旧是其组织生活和经济的基本单位。组装家庭更多具有的是一种文化的意义，容许他们既保持边缘、封闭的状态，又不失社群支持和温暖。另外，这种组装家庭也确实部分地发挥了传统家庭的功能，尤其是在育儿和家务劳动的分担等方面。

Zhang Li（2001）在北京"浙江村"里很多家庭作坊之类的劳动场所，亦观察到家户重组（reconfiguration of household）的现象，她发现中低阶层的移民家庭里，女性得以参与劳动，并由此获得更多的家庭决策权。我们在冷水村的废品大院里，同样观察到家庭围绕劳动而重组的现象。一方面，女性参与了拾荒收废活动，由于这种劳动被认为是"低门槛"甚至是"低下"的，女性进入反而不会受到限制。很多女性的收入甚至由此成为家户收入的主要来源，与此伴随的是女性决策地位的上升。另一方面，我们可以观察到，女性扮演持家、育儿等传统角色的现象，依然是普遍的。相对非常有经济能力的女性，也不得不在生育后以育儿为主业。不过有趣的是，这种聚群而居的形式，为"组装家庭"提供了可能。组装家庭往往使得这些女性在家务劳动方面，能够获得更多来自小家庭之外的支持。这使得她们不必完全退出工作，依然可以（例如生育后）在非正式经济当中找到一席之地。

想象中的"老家"

虽然有了废品场里的组装家庭，但对每一个废品从业者而言，家乡的"老家"永远不可代替。既有研究（明娟和曾湘泉，2014；罗芳，2007）观察到这样的现象：农民工在外打工，将大量甚至大部分收入寄回老家，将大量积累的资本投入老家，以建房为志愿，或在老家进行住房投资。类似的情况不只发生在中国，根据沃尔特·利特尔（Walter Little）的研究，在南美洲的危地马拉（Guatemala），大量农村居民为了生计，不得不到城市的旅游区去打工，让游客体验"玛雅文化";虽然在城镇的时间远多于在家乡的时间,但是家乡对于他们的意义无可替代,正是家乡支撑了他们作为玛雅人的身份和文化认同。和家乡的联系为他们带来了生活的意义感。他们甚至"固执地"在家乡种植玉米,玉米种植虽然对于家庭的经济贡献已经不大,但是具有一种象征意义,成为他们建构自己身份的一种实践(Little,2004)。

在冷水村的收废品群体当中,我们观察到"老家"对于他们而言,具有非常强烈的文化和认同意义。中老年群体都会强调"自己永远是农民",而且以后"一定会回去"。我们不止一次听到这样的叙述:

老家不像"这里",这里脏,但老家是干净的,环境很好,水土丰美,空气清新,蔬菜都更加香甜。

更重要的是,他们把"面子"留在老家。在城市甘愿从事别人不愿从事的工作,但是"不管在外面做什么",在老家就一定要是体面的,所以他们会把在城市辛苦积攒多年的资本投向老家。甚至出现这样看似荒谬的情况:在城市多年都省吃俭用,艰苦奋斗,舍不得消费,而对老家的房子和装潢投入大笔积蓄,可是全家人都常常在城里凑合,一凑合就是好多年，老家的房子总是空着，高档的设施无人享用。

不过，我们还观察到显著的代际差异。比起中老年，年轻群体的情况则更为复杂：他们更是"回不去"的，他们不像其他的民工群体可以在不同的城市工作、扎根，追求着现代性、城市时尚。废品从业者总是在城市边缘的村子居住，随着地租高涨而越搬越远，北京的"家"也是不断往农村、往外围迁移，不断远离现代化的城市。哪一个地方城市化了，他们就会从那里搬出去。和工厂工人不同，他们大多还是和老乡结婚，还要在老家成婚，来北京的第二代甚至第三代，还是说着家乡方言。废品行业的生活、工作形态，使他们与北京的城市生活相反，越留在北京就越脏、越落后，反而回到老家自己新盖的房子才有自来水、厕所、煤气厨房。

无论如何，"老家"在废品从业者眼中不但是一个地理上的家乡，也是一个不可丢失的、构建他们主体性的重要话语，此话语主宰着他们对老家的美好向往，鼓励着他们每天忍受脏臭的垃圾，鞭挞着他们有一天脱离废品院子的愿望，也"绑架"他们维持和亲戚间的关系，承袭父母亲友的事业。老家不仅仅是那个他们离开的地方，还意味着团聚、尊严、梦想的实现、优渥的生活——是多年辛苦换得的栖居之所，是与辛苦、卑微、动荡、边缘的"当下"截然不同的"未来"。

"老家"作为一个梦，折射了这一代城乡移民的意义感和认同，也是他们因受到主流话语的排斥与歧视，试图重建自我认同的另类表达，是一种试图融会当下经验、重建自身主体性的叙事。

虽然"留不下来也回不去"的状态，源自当今中国农业户籍者无法充分城市化的困境，不过在他们对老家的想象中，我们也可以看到一种对于"城市化"的另类叙事。在这种老家的话语下，城市并不理想，充满了污染，而老家却永远是美好的、干净的、纯洁的。作为一种半城市化的主体，他们不只是被动地为现代化和城市化诱惑，同时也被制度安排；不只是满怀城市化的渴望，同时也是被驯顺的卑微的劳动力。他们在积极地探寻城市化的另类可能，建构着属于自己的意义空间，而垃圾更是他们建构另类城市身份和意义空间过程中特别重要的物质。

作者、院子里的孩子和狗

4. 拾荒父子
离愁与创业梦

小张

男，1982年生，四川仪陇人。2007年来到北京做垃圾生意。妻子小兰，小他三岁。儿子大熊，来京时不满一岁，在垃圾场和父亲度过了一岁到三岁半的时光。

凌晨4点钟，身旁的妻子小兰和未满三岁的儿子大熊还在睡梦里，小张就摸黑起床，开始一天的工作。他穿着一件灰色的旧西服——这是他的工作服，骑着一辆小三轮车，从居住的村子赶往四五公里外的高档小区"宜和山庄"，他必须赶在每天收集城市垃圾的垃圾车到来之前抵达小区。他的任务就是帮助物业把垃圾装车。他会留下一部分垃圾给自己，然后用三轮车一趟趟地拉回家。在这个城市的大部分人醒来之前，小张已经运完了小区里所有属于自己的垃圾。一年365天，每天如

此，大年初一也不例外。"过年期间的垃圾比平时还多一点,"他说,"干这个就是有点……"他没有说下去，也没有太多的抱怨。小张给人的印象，永远是吃苦耐劳的，很少有溢于言表的不满。

小区垃圾生意经

和四处收集垃圾的拾荒者不同，小张干的活儿叫"包小区"。刚来北京的时候，小张也像其他人一样，试着到处捡垃圾，可是几乎每个垃圾堆都被人翻过，什么值钱的东西都没有剩下。后来他才摸着门道，学着自己的姐姐承包小区。所谓"包小区"，就是每个月付给物业几十块钱"承包费"，然后就"拥有"了一个小区所有的垃圾。

每天把垃圾拉回家后，小张还需要把这些垃圾分类，按照不同材料收集起来，积少成多，然后卖掉。分拣的工作会干上一整个白天，天黑之前，正好差不多完成。他总是蹲在自己的货中间，迅速地扒开垃圾，看上一眼，确定分类，手上不停地翻拣着，卖力又娴熟。冬天的时候，情况好一点；一到夏天，这些垃圾潮湿变质，黏糊糊的，恶臭阵阵，聚集着一团团赶不走的苍蝇。小张一如既往蹲在地上埋头苦干，流着汗,沉默而专注。

这个活计,最初一个月净赚1000多块钱。小张说,这些钱刚好够一家三口的生活,来京三年,没攒下什么钱。不过在我们作为旁观者看来,他一直在进步。从捡不到承包小区、有了稳定收入,到后来轻车熟路,甚至可以和物业讨价还价,最后争取到把每月的承包费都免了。不过小张的故事,还是让我们从头说起。

学生时代,小张最后悔和无奈的事,就是选错了专业。他在中专学的是"粮食调度"。可是现在计划经济改革了,连粮站都没有了,这个专业也就成了"屠龙之技"。看不到什么前景,还没等毕业,他就退学了。小张父母在老家务农,兼在镇子上卖点小电器,小张也曾经跟着父母一起卖,可是生意不好,小镇上铺位不少,但购买力实在有限,小张不得不另谋生计。

2007年,结婚没多久,小张就追随他的大姐来到北京。大姐在北京捡垃圾多年,他跟着入了行。他说:"谁也不是一开始就愿意干这个,但是也不得不干,挣到了钱还可以做别的。"又说,"现在那些学生,觉得自己是学生,像那种带点体力的、脏点累点的(工作),都不愿意去干",言语中带着点批判的意思。至于为什么不去工厂或不去做建筑工人,我也问过小张。他说工厂不自由,而当建筑工人又害怕被拖欠工钱:"都是给别人干,不好说,听说都是干一年才结钱,还有拿不到钱的,白干。像我干这个,卖多少,钱都拿到自己手里了,从来不被赊账。"不愿打工,源于对被坑骗的恐惧,另一方面,当个自我雇用者,也是他一直以来的理想。

"包小区"虽然辛苦,但是收入稳定,垃圾源源不断,只要每天出力,就能定期换来现金。我不知道他最初是如何克服心理障碍、忍受垃圾的脏和臭的。他只淡淡地说:"最开始也怕脏,做久了,就习惯了。"

不过小张从来没有放弃过想要做生意的打算。他有两个宏伟的目标:一是通过捡垃圾,攒够一笔本钱,然后回老家做一门生意;或者,在北京把捡垃圾的事业做大,必要的时候请几个亲戚来帮忙,自己当老板。关于回老家做生意这件事,几年间,他从来没有停止过动脑筋。

有次去找他,像往常一样,我们站在旁边,他蹲在一大堆货中间,一边分拣,一边不时地打开垃圾中的废报纸,看到有趣的,随口读两句。我们像以往一样,闲聊时事,互相询问近况。他突然认真起来,说:"我有点事,想问问你们。"原来他想回老家做生意,有两个项目可以选。一个是蛋糕店,镇上原来开蛋糕店的那家人不想做了,正在找人接手;另一个是纸厂——一开始他不好意思直说,后来慢慢解释道,是

"给死人烧的那种纸"。我们就蹲在那儿分析了一下午，考虑了各种利弊，用树枝在地上横七竖八地画了很多道道。不过后来，他一样也没有选，而是继续留在北京。

当然，这并不令人吃惊——如果你知道他们这些在城市边缘讨生活的人，是多么容易改变主意，以及他们多么习惯于没有计划，或者随时改变计划，不管是长远的还是近期的。每当我们问：今年你们会不会回家啊，什么时候走啊，回去多久啊，什么时候回来啊，下半年什么打算啊……诸如此类的问题，每次都会得到不一样的答案，不过得到最多的说法还是："不一定，走一步看一步。"很多时候，他告诉你一个日期或者一个计划，但后来你发现他并没有真的那么做。不需要问，每个人的计划都在变动当中。没有人能肯定未来的打算。小张说自己一直在各种想法中犹豫不决："有时候我想干脆回家去！有时候又想算了，还是别回去了……"

无法避免的妻离子别

来北京三年后，小张终于和妻子小兰回了一次老家。不过，回去并不是为了做生意，而是小兰怀孕，快要生孩子了。要走的时候，小兰怀孕已经八个多月。这个消息令人吃惊，因为之前从来没有听她提起过，只见她像平常一样做家务、用刺骨的冷水洗衣服、忙里忙外地带孩子、做饭，还帮小张处理垃圾——所以我们一直以为她只是变胖了。直到要回家待产之前，小兰也从来没有做过任何检查，没有做过任何孕妇"应该"做的事情，更没有享受过任何孕妇"应该"享受的待遇。我问小兰为什么不去医院检查一下，她一方面害怕麻烦，另一方面觉得不检查也没有什么大不了。

小兰是个温和的女孩，脸圆圆的，白皙，说话声音轻柔，总是一边说一边微笑，和小张一样老实、腼腆。不像同龄的女孩，这个年轻的母亲不怎么打扮自己，总是穿着同样的衣服：一件旧旧的花格外套，一条朴素的黑裤子。不过她的儿子大熊有很多套可爱的衣服，她给儿子换衣服也总是换得很及时。大熊十分顽皮，总是在院子里到处玩耍，不停地摔跤。

小兰13岁就开始在火锅店做服务员。在北京这三年，她却没怎么工作，偶尔帮小张收拾垃圾，主要就是带孩子。在老家，大熊之前他们曾经有过一个孩子，不慎淹死了，这对年轻的夫妇对于这件令人伤心的往事，没有太多可说。不过这就是为什么两人初来北京打工时，决意要把不满一岁的大熊带在身边。问题是小张一个人赚钱，支持一家三口在北京生活，入不敷出，两人都觉得这样不是长久之计。所以，这一次他们决定回老家生孩子,顺便把大熊送回老家,这样,下次回来,小兰也可以开始工作了。可怜的大熊对此决定一无所知,但是又好像感觉到了一点什么。

　　大熊有着独特又欢乐的幼年时光。出生不久就被抱到了北京。第一次见他时,他还不到一岁,无比可爱,被放在爸爸的三轮车上来回摇晃。他总是疑惑地看着我们这两个陌生人,在大人的哄骗中慢慢睡着。长大一点后,他便每天在院子里疯玩。他把垃圾场当作游乐园,在里面尽情地奔跑嬉戏,挖掘探索,追狗逐猫。他在各种大小三轮车、小货车中间爬高爬低,掉下来哭几声,马上就忘了。台秤是他的秋千,货架是他的滑梯。孩童的眼里,大概没有所谓的洁净与肮脏,垃圾堆里面稀奇古怪的玩意儿,成了他的宝藏。和爸妈一样,他也不爱说话,但喜欢笑闹。我们一直想知道大熊的大名,不过大熊一直没有。后来爷爷给起了个名字,叫"张小路",可是只有音。我们问"小路"具体是哪两个字,小兰也不知道,恐怕要日后回老家上户口的时候再决定。我们一直惦记着他还没打各种预防针,不过小张他们并不着急,因为"忙"和"麻烦",而且总觉得不熟悉北京的医院也不知道要花多少钱,不如回老家再说。虽没有大名,没有预防针,没有多少玩具是买来的,大熊的幼年时光依然欢乐健康。他顽皮,精力充沛，而且十分结实，长得很快，三年来几乎没生过什么病。在这个大院里，有很多子女不在身边的大人，大家都特别喜欢大熊，不但会在他爸妈忙的时候热情地帮忙照看，没事时也会和他玩，就这样，他享受着全院人的关注和爱护。

真的要走的时候，大熊好像也感觉到了什么。他们走的前一天，我们带着一些路上吃的东西去他家送行。那天搞得很热闹，邻居和亲戚来聚餐，大家欢声笑语。我们和他们照相留念，大熊也很兴奋，一直迫不及待地要看自己的照片。在拥抱过大熊之后，我们道别离开。走出一小段，一回头，却看见大熊从房间里面追出来，远远地、似懂非懂地看着我们，脸上逐渐变得伤心，像是快要哭出来。小小的身影，令人难忘。

他们是坐卧铺长途汽车走的，走的前几天，向老乡打听好了买票和坐车的地点。从北京到四川，路程长且颠簸，我们担心小兰，劝他们坐火车。他们却觉得坐火车太麻烦，票也不好买。他们说："这次走，以后就不回来了。"

后来从别人那里得到消息，小兰在4月份生了一个女孩。可孩子出生后不久，过了插秧的农忙时节，小张就离开老婆和刚刚出生的孩子，独自一人返回北京了。

我们去看他的时候，他没在家。打电话叫他回来，他进屋看了一眼，什么话也没说，飞快地跑走了。过了一会儿，买了几根棒冰回来。一段时间不见,他谈得最多的就是大熊。他说那段时间小兰要生孩子,都是他在带大熊,所以儿子跟他更亲密了。这次他走的时候,大熊特别伤心,似乎知道这次分别是长期的,不止一天两天。他离开后,大熊每天早上起床,都会懵懵懂懂地找他。最近大熊开始生他的气,每次小张打电话回家,大熊都不听电话,或者说一两句就赌气不吭声了,怪小张不带着他一起走。小张说,刚刚回家那会儿,大熊像原来一样,特别的顽皮活泼,后来妈妈生了妹妹,爸爸又要走了,大熊就"蔫"了下来,再也没有原先的劲头了,"像个孤儿一样"。小张说着,眼睛就红了:"这种感觉可能你们不懂。"

说到和孩子分离的伤心,小张有了一个理论:

> 我发现,孩子要不就从小养,一直养到大;要不从小就不要养,一生下来没多大就让别人带。一旦开始带了,就分不开了。你说养到一岁两岁,都不是分开的时候,总是没到时候。小孩不习惯,大人也不习惯了。但是太小让别人带也不好。

我(劼颖)说:"我从很小就是爷爷奶奶带的,现在也好好的呀。"他马上迫切地追问:"那你现在想起来,会不会怪你父母？会不会觉得他们欠你的？"我不得不据实以告："有时候想想是有一点。"他叹了口气说："就是。如果不带的话，跟孩子感情就不好了。"

没有家人在身边，小张说一个人干活儿、生活都没什么劲儿了。他随身带着几张照片，两张大熊的、两张女儿的，都是在老家用手机拍的，冲洗出来，没事就拿出来看看。小张说，他又开始重新考虑怎么安排一家人的生活。他想了很多，想过把两个孩子留在老家，自己和老婆出来赚钱，也想过带其中一个过来。可是带哪一个呢？其实把两个都带来也可以，"我可以养活他们，可是就存不下来什么钱了"。孩子来了，小兰就没法工作，一个人的收入养活一家四口，就重蹈覆辙，攒不下来钱了。安排来安排去，一切好像轮回，小张又回到了起点。他说：

> 跟别人比，我负担重些，就挣不了钱，我们那儿的房子，也就十几、二十万，有的人干两三年也就挣出来了，像我这样，干了几年也攒不了钱。人家不会看你几个人挣钱、几个人花钱，就看你没挣到钱，没挣钱就是你不行。我能解释吗？我没法解释。我只好说：对！赚不到钱，我没本事！

"80后"拾荒人的创业梦

刚回北京的这段时间,小张干点零活儿"挣口饭吃",一边报了驾校学习开车,一边思考未来的路。这个零活儿就是回到原先承包的小区,继续收垃圾。原来他走以后,小区一直找不到合适的人帮忙处理垃圾。每天物业还得抽人一大早去装运垃圾。这样一来,物业人手就紧张起来,可是又不愿花钱专门雇人干这个。所以这次小张一回去,物业就同意不再收小张承包费,垃圾免费给他,只要他继续每天早上帮他们搬运、装车就可以了。小张趁机提出来,自己不能每天都去,可能时不时地会停工一两天,物业也同意了。小张说:"前几天我就没去,他们也没说什么。我说我以后学车了还会不去,他们都答应了。"我们趁机出"坏主意":"如果你不做,他们还得花钱让别人做,而且垃圾不给你,他们也卖不掉,还不就是直接扔了。他们叫你干活儿,其实应该给你钱。"小张听了,觉得有道理,说:"对,我也觉得,而且我不干,他们找不来人,根本没人干这个!不过,还是慢慢来吧,原先要钱,现在不要钱了,一步一步来。"

提到创业生意经,小张也好像是兜兜转转,又回到了原点。回家考察一番,原先想做的纸厂,因为污染环境的问题,需要重新选址，水电成本也高，他觉得没有合适的条件。想做蛋糕店，他又害怕赔钱，极其谨慎小心。我们说："你问问那个蛋糕店老板，生意到底怎么样？"

他说："人家不会跟你说实话的，我怀疑就是生意不好，他才不干的。"

"那你就在那附近观察观察，估计一下每天的客流、销量。"

"这个没准儿，生意也许有时候好、有时候不好，看一天看不出来。"

"那你回顾一下这几年蛋糕店的生意，在镇子上打探一下这方面的消息。"

"情况都是在变化的，也许前几年好，以后就不行了……"

"那你再打几年工，攒点本钱，社会经验也更充足了，那个时候再回去做生意。"

"那个时候就更没法做了，那个时候人老了、保守了，更不想动了，可能负担也重了。"

"那你还不如就趁现在年轻搏一搏，不要顾及那么多，反正本来也没啥可损失的。"

"可没有赚钱的路子啊。"

就这样，一个又一个的主意，左也不是右也不行，小张全都给否定了。我们理解小张的谨小慎微、害怕冒险，这个几乎什么资本都没有的小家庭，确实无法承受任何损失和风险。他们就像斯科特（James C. Scott）笔下的东南亚小农：长久站在齐脖的水中，涌来一阵细浪也是灭顶的灾难。他说：

> 有时候看央视的"三农"节目，看那些人致富，赚几百万，好像特别容易，但是真到我自己这儿，就感觉特别难了。用我们那里的一句俗话说："夜里十条路，第二天一条柱。"就是说，前一天晚上想一想，有好多条路可以走，到了第二天一看，只见前面一条柱，什么路都没了。

想来想去，没有路子，小张还是延续着以前的生活，捡垃圾、赚现钱。

关于如何成功，我们和小张也有过不少讨论。有次他跟我们说："现在不管干什么，还是要靠关系才行。"然后就问我（劼颖）："咱们认识这么多年了，你坦诚地说，你这种事情（指申请上香港中文大学的博士），有没有靠关系？你们这种事情，需不需要靠关系？"我告诉他我参加的这个选拔，靠关系的可能性不大。但是他始终不太相信我的话。又有一次他问我："性格是不是很重要？比如一个外向的人，就有更多的关系，就能打听到更多的机会；一个内向的人，整天自己待在那里，他什么也不知道，什么机会也去不了。"我说："可能吧，我也是个内向的人。"他说："你肯定不是，如果你是内向的人，你就不会来我们这里了。"

小张就是这样，总是带着点怀疑，不太轻信，也不容易被说服。虽然话不多，但是很有自己的想法，有时候非常有批判性。整理废报纸的时候，他说："有时候新闻就是广告。很多广告、骗局，就是利用人们的心理——一看新闻都那么说了，就相信了。""不过记者就不应该给别人做广告。"他严肃地补充道。聊到手机诈骗，他问："你（劼颖）收到过诈骗短信没有？"

我说："经常收到的。"

"那你后来怎么办了？"

"我知道是骗人的，我就没上当。"

"那我觉得你不应该这样！你们知识分子，应该管一管，反映一下或者怎么样的，你说我们不管也就算了，你们应该管一管。"

"我怎么管？我只是个学生呀，而且我和你一样，没有北京户口，连北京居民都不算。"

他十分肯定地说："我不觉得户口有什么，本地人还不是有不行的，外地人也有厉害的。你们是知识分子，就应该管一管！"

这就是小张——年轻的"80后"，两个孩子的父亲，靠垃圾养活一家人，一直有着做生意的理想，却找不到门路。他不会计算机，总是叫我们教他上网，却又从来没有机会实践。他总问我们上网怎么收费、如何去一个网页、"怎么记得住那么多网址？"之类的问题。他的信息大多来自垃圾中被丢弃的过期报纸，和每晚看一会儿的、只能收到四个台的电视。但他总是想得很多很多。

对不少社会问题，小张都有自己独到的见解，针砭时弊总不乏批判性。但是他不希望我们写出来，他问："我说这种话，你们不会写出来的吧？"不过他又觉得自己是自由职业者，所以没什么好顾忌的："我讲实话不怕，你又不能扣我工资，又不能不让我工作，但这种话很多人不敢讲，这个社会就是这样。"

这就是小张，和无数普通的、来城市打工的、又梦想着回老家创业的青年农民工很像，不过拾荒的工作又让他和他们不一样。借着这个工作，他和小兰努力地维持着自己家庭的完整性。一家人能够在一起，有时候全靠着由拾荒大院的"组装家庭"提供通常是亲属才能提供的支持，比如帮助照看幼儿。虽然他们维持家庭完整性的努力没能一直成功，不过，有了这个拾荒大院，才有年轻夫妇和可爱的儿子出生后头三年的宝贵欢聚时光。

后　记

离开北京后，我们陆续听说他们的消息。小兰生下女儿九个多月后，就回到北京，两个孩子都留在老家。小张开始了新的尝试，他跟人合买了一辆车，从更大的垃圾中转站收回大量垃圾，并和小兰两人分拣，一个月就可以攒下来五六千块钱，只是非常辛苦。每个月寄回老家800块钱养孩子。后来又听说两个人去了大兴的建筑工地，具体做什么尚不清楚。

5. 年轻的母亲
垃圾场上育儿的苦与乐

> **小玲**
> 20出头，四川仪陇人。父母在北京做垃圾生意多年，她跟随父母在北京长大，回老家上学、结婚后，再次回到北京。做过超市收银员、商场销售员。老公是入赘的上门女婿，在北京做装修电工。有一个儿子星星。

    小玲是那种人见人爱的女孩，漂亮开朗，会说笑话，能吃苦，二十四五岁。我们特别喜欢到她家做访谈，虽然在同一个废品院子，一样只有八平方米，她的房子却特别光亮、通风、舒服，冬暖夏凉。很多收废品家庭省钱，舍不得开灯、烧煤、开电暖气、用风扇和看电视机，她却样样开齐。小玲的家收拾得特别整洁，床上铺着凉席，被褥整齐地叠放在床上，地面打扫得很干净，有一台台式计算机，还有一玻璃鱼缸的金鱼、一只乌龟和各式各样的玩具，供她一岁大的儿子星星玩耍。只是这个院子没有通网线,所以还是没办法上网。小玲的平房小家,和外面的废品院子堆积如山、满地脏水的情景,形成了一个强烈的对比。

小玲可能挺介意我们怎样看她,所以会特意让我们知道她过的日子不差,也不吝啬请我们吃水果,而且会一边吃一边用很直爽的口气分享她的日常生活、消费习惯、生活成本:"最近物价上涨,柚子要十块钱三斤,以前两三块钱一斤的水果,都要四五块钱一斤了。""我冬天光烧煤开暖气,每天就花十几块钱。烧煤要用五块钱的,用电又得几块钱!""我们两个人,每个月电话费好几百。""我老公一个月能挣5000块,但是他一个人挣钱,三个人花,还是辛苦。""老公在大兴干活儿,每次回家就得花20块钱的路费,一个月来回几趟路费得花100多,还得花两三百抽烟,还有两三百电话费,在工地上偶尔还得出去吃饭什么的,他一个人得花六七百。""虽然房租是120元,加上水电费200元,但一家人日常开支、吃饭花得没那么多,主要在零食上花得比较多,还有水果,加起来一个月开支得2000元,钱真不经花!"

带孩子，就在收废品院子里

通常，她的电工丈夫到工地工作了，剩她和儿子星星在家，我们就有很多机会跟她聊天。小玲解释说："星星爸爸在大兴工作，每天回来很不方便，索性隔几天才回来一次。"小玲老公是工地上的电工领班，给包工头管人，拿的是固定工资，但停工后工资也停。有时候几十天没有工资，她老公会找些散活儿干，比如家装工程的电工，不过也要看运气。其实，小玲一个人带一岁的星星挺辛苦的，小孩调皮，一会儿爬到床上、桌上，一会儿爬到下面，一会儿又跑出去，几乎一刻不停。有一次星星在家里的地板上尿了尿，小玲用四川话大声训斥他："自己把拖把拿进来！"才一岁的星星竟然全听懂了，马上蹬蹬地去门后面拿比他高很多的拖把，站着等她妈妈教训。我们看了捧腹大笑，小玲也笑了。

一次，给她看我们给邻居小孩拍的照片。她反复说了两三次："从照片里看，这里真脏啊，环境真是不好。""这个院子堆着垃圾，不适合带孩子。不过，我们这个屋子靠近炸油条的那家，在院子最里面，味道还好一点，不像靠近垃圾堆那边那么难闻。而且，这里都是我的老乡、亲戚，比较热闹，带孩子不会太无聊。"我问她想不想搬家，她说："那没准。"隔壁炸油条的家庭刚好在炒菜,我们说闻起来挺香的,她说:"好什么呀,屋里全是油烟!"转个头,小玲又说:"你们别看这个院子都是捡垃圾的,实际上都有钱着呢,有的都在县城买了房子,至少有个十几、二十万的。"她还说:"我邻居夫妻俩挣得多,每天(早上)4点多就得出发去拉货,也没什么时间花钱,一个月能存下来7000块钱,但是工作又辛苦又脏。"

小玲口口声声对院子很有意见,但实际上,她不但非常熟悉整个院子的人,甚至和他们有亲戚关系,而且还是在这里成长的。小玲的妈妈就是(前文中)小张的大姐。小玲的父母90年代就来北京做垃圾买卖,包了附近一个小区的货来分拣,并且定居这个院子。后来母亲回老家了,她的弟弟(小张)来了,接手了这份活计,并且入住他们曾经居住的院子,就在隔壁租了个房子住下来。其实可以说,小玲是在这个院子长大的,这里的人都是她的四川老乡或者亲戚,虽然中途曾回老家上学,但是一放假就会回到北京和父母在一起。可以说,她不像一般的农民工"京漂"。反过来,她本来就是在北京长大,北京有太多她的成长记忆。她后来回到四川上学、结婚、生小孩,然后又回到北京"老家",跟一直留京的四川亲戚邻居"重逢"。

在北京郊区这个鲜为人知的院子里,不但有小玲的儿时回忆,更有认识已久的邻居、信任可靠的亲戚,这些都是不可多得的"老家"支持网络,他们不但帮忙照看她的小孩,让小玲不用心惊胆战、害怕小孩乱跑,也让小玲的丈夫可以放心地在不同的工地工作。

可以说,这个废品院子对小玲非常重要,她自己虽然不做废品生意,而且也不满意这里的居住环境,但这里简直就是她在北京的"娘家"网络,给她提供非常可靠的亲戚朋友支持,让她思考如何可以自己出来赚钱,争取更多的自由。其实我们在小玲家访谈,她的亲戚也经常过来串门,有时候一起织毛裤,有时候一起做饺子馅。有时候,小张的妻子小兰会过来,看星星总是要哭的样子,也会带他逛小店买零食,出门时小玲还对他们喊了一句:"星星喜欢吃那个'奇多圈'!"

小玲一口北京腔,而且老跟我们说她以前在北京打工赚钱的经验。别看小玲每天带孩子,像个没有本事的家庭妇女,其实她精明能干,很有事业心。早在2005年在四川老家上完高一的时候,她就不想继续念书了,于是回到北京跟父母同住。她先是在冷水村的超市卖服装,一个人负责两个人的店面,这样底薪加上提成,(一个月)总共可以挣到1000多元,这在当时超市服务员当中算是赚得很多的。后来她转到"超市发"工作,除了看自己的摊位,还承包了一个摊位卖箱子、皮包,靠勤奋努力,很快一个月就可以赚2000多元。她跟我们说:"别人不像我,一个人兼做两样工作,别人还要雇用一个服务员,那样很难赚到钱。"

小玲不止一次跟我们说她不想带孩子,想工作赚钱。她希望过年回家,把孩子放到家里,就不带过来了,这样自己就可以去外面工作。她还想自己做生意,也曾经考虑过在老家创业。她看上了一个糕点房,是一个江西人开的,她盘算那个江西人迟早要回自己家的,这样她就可以趁机把糕点生意接过来。满脑子盘算,她也拿不定主意,非常矛盾——如果回老家干,就要跟丈夫两地分居了。

重操旧业的退休父母

小玲的父母前几年回到四川老家,一方面是因为年龄大了,回去经营一个弹棉花的店,没有那么累,也能顺便照顾留在老家的奶奶;另一方面是要操办女儿的婚事,小玲的老公是"上门女婿",和她还有一点亲戚关系。因为两个人互相喜欢,坚持要结婚,他们的父母就不再阻拦了。小玲的父母还为他们准备好了在老家盖的新房作为他们的洞房。

乍听起来,小玲的父母好像完成了很多农民工在北京的梦想:把自己辛辛苦苦赚来的钱投资在老家的一个小生意,以后不需再寄人篱下劳累过活，既能照顾老人、给子女提供婚房，又可以住在自己赚来的新房里，享受多年的劳动成果。可是，现实通常没有想象中的美好。现实情况是，小玲的爸爸妈妈考虑过年后再来北京，打算继续之前的垃圾买卖，因为先前让给小张做的小区现在空出来了。小张和院子里的另外一家合伙，已经买了一辆车，从西直门一个垃圾楼把垃圾运回来分拣。小玲妈妈于是考虑重操旧业，她觉得自己还不是太老（1967年生），而且弹棉花的生意是季节性的，只有在下半年天气变冷的时候才有活儿干，上半年天气转暖就不行了，所以还是想回北京多赚点钱，他们毕竟还有一个才15岁、正在上学的小女儿。结果，可以说小玲父母实际上没有真正离开北京。实际上，他们一开始就留着一手，没有退租在北京的房子。他们不但留着平房让小玲回来带小孩，而且也准备随时回来再多赚些钱。

只剩下北京的圈子

其实，小玲家的两代人都共同面对一个问题：老家没活儿，圈子都在北京。小玲说："像我老公做建筑电工这一行，老家都是小活儿、小楼、私人的小建筑，不像在外面可以接到比较大的活儿，而且老公的朋友、关系网都在北京，在北京才能接到活儿。"同样道理，小玲妈妈承包的小区也在北京，不在老家，而那些废品买卖的活计只有北京才有。她捡垃圾、卖废品的技能，也是在北京这样的大城市才有用武之地。而小玲则更明显，她的事业心和营销本领，只有在北京高消费、客流量大的商业区才能发挥，在老家的山区虽然有新房，但是只能住，无法维持生活。

这就形成一个怪现象，老家是老家，但是在老家没有圈子了。甚至连亲戚朋友都聚在北京，真的要回老家工作、做生意，反而失去了大部分的支持网络。

小玲的妹妹今年十五六岁，也是无心读书，迫切地渴望追随姐姐的脚步，从老家来北京打工。虽然自己很早就出来工作，但是小玲还是想让妹妹多读点书。她认为妹妹不知道在外面工作的辛苦，所以打算在这个暑假给妹妹找一份超市的"全班"工作，让妹妹尝试一下，以此让她明白打工的辛苦和上学读书的好处。如果她妹妹、妈妈和爸爸都留在北京这个"老家"，四川巴中的老家新盖在镇上的四层砖房，就只剩下小玲的奶奶了，而北京的收废品院子则会更加热闹，本来依赖老乡邻里的组装家庭将会变得更"完整"。

至于垃圾，就很可能继续伴随着星星成长，成为他生活中的一部分。

打牌娱乐

6. 拾荒第二代
垃圾大院"回娘家"

丽雨
  1989年生，四川巴中人。父母在北京拾荒多年，后来父亲做装修，母亲继续做废品生意。15岁的时候，跟随在北京拾荒的父母来到北京。目前已经结婚，和丈夫小李在父母拾荒的大院外开了一家小商店。小李是装修工人。有一个女儿，叫李涵。

  如果不是天气太糟，拾荒大院里面常常是热闹的。老乡邻居们没什么事的时候，就会围在一起聊天。我们第一次见丽雨，就是在这样的场合。围成一圈的人，都是住在这个大院的收垃圾的人，他们还没有结束工作，穿着深色的工作服，有的拖着三轮车，货物还在里面。丽雨看起来好像不属于这里。她很年轻，面色白净，整齐的长发，还带着一个好看的发箍。她手里抱着一个漂亮的幼儿，打扮得十分好看，穿的

是彩虹条纹的衣服，颜色亮丽，干干净净的，也不像这个大院里的孩子。

丽雨对我们，就像我们对她一样感兴趣，她把我们当作是同龄的、有话可聊的年轻人。她见我们对她为什么会在这个院子感到疑惑，就解释说，自己并不住在这个院子，而是和老公、孩子租住在冷水村的另外一个院子。来这里是因为门口那家拾荒的夫妇是她的父母，而那家的小孩丽萍是她的妹妹。她和院子里面那家的小玲则是亲密的好朋友，她们两个有着相似的经历，父母都是做这一行的，年少时就从老家来北京投奔父母，现在又都在带小孩。老公在外面跑装修，她一个人带着孩子无聊，所以常常到父母这边来，可以和老乡聊天，可以见朋友，还可以偶尔给父母家里面帮点小忙。

和精明强悍、务实的朋友小玲不同，丽雨更像是那种"90后"小姑娘，喜欢玩电脑、手机，聊QQ、打游戏。她喜欢玩"劲舞团"之类的QQ游戏，为打游戏买服装、道具这类虚拟商品，花钱也不手软。虽然年轻，但她是个称职的母亲，对女儿李涵非常耐心，呵护有加，也喜欢把女儿打扮得漂漂亮亮的。

后来我们注意到，每次来这个大院，都能看见丽雨抱着孩子的身影。她实在是这个大院的常客，除了回家睡觉，白天都在这里待着。再后来，丽雨居然在这个大院旁边开了一家小卖店。小卖店正对着大院，大院门口是一条窄窄的马路，小店就在马路的另一侧。这是一个路边的门面房，低低矮矮的，背后就是田地，房间有四五十平方米那么大。房子的一头摆上了货架，靠墙放上冰柜，就成了一个小超市。房间的另一头是一个玻璃货柜，这是丽雨算账收钱的地方。货柜后面拉着帘子，里面是一张大床。这个门面房500块钱一个月，房间的一头拉上帘子就可以住人，这样，原先100多块钱一个月的房租就省下来了。房子背后还有一个简易的小厨房，水龙头则在户外田地的边上。

对于丽雨和老公来说，开这家小卖店，实在是一个明智的决定。本来丽雨要带孩子，没法工作，现在就可以一边带孩子一边看店，不会完全没有收入。小卖店前期投资一万多块钱，每个月可以净赚1000多不到2000块钱。丽雨说，一间小店，一家人一个月的生活费用就出来了。在这里开店还有一个好处是，又回到了父母的家旁边，生活上和妈妈一家有了照应。丽雨的妈妈和妹妹丽萍不时过来串门，两家人还会一起吃饭。和同样在带孩子的好友小玲距离近了，两个人常常一起带孩子，有时还可以互相帮忙照看。大院里的老乡结束工作的时候，也会经常过来坐坐，闲聊几句，交换一下信息——这往往是他们最放松的时候。尤其是夏天，小店比大院里凉快，空气又好，还有全院唯一的冷藏设备：一个冰柜。丽雨则准备好一些低矮的板凳，摆在门口，方便客人随时过来坐。这里简直成了大院居民的另外一个休闲场所。

我们也喜欢来这里坐着，因为这里是和大院居民乃至冷水村村民交流的绝佳地点。放工的建筑工人们会来买啤酒和烟，从打工子弟学校放学的孩子们会来买零食和雪糕，住在小出租屋的主妇们会来买盐。我们常常一边和可爱的李涵玩耍，一边和丽雨这个年轻的妈妈讨论各种各样的事情。丽雨觉得劼颖有点像她的一个大龄未婚的表姐，年龄一样，性格也像，她喜欢跟我们分享、探讨有关家庭和生活的想法。有关丽雨的故事，还是从她初来北京时说起。

频繁换工的打工史

初来北京投奔父母的时候，丽雨只有15岁。像其他远赴异乡打工的女孩一样，她很难找到合适的工作，于是一而再，再而三，试过好几种不同的职业，但每份工作都做不长。

第一份工作是老乡介绍的，在一家清洁公司，外派给医院做清洁工。因为当时年纪太小,还是借用了别人的身份证,才获得了这份工作。做医院清洁工这一年,丽雨去过好多家不同的医院,收入是450块钱一个月。公司包吃不包住,每天只吃中午和晚上两顿,伙食不好,一般就是几个烧饼,或者一碗担担面。年少的丽雨对这第一份辛苦的工作并没有太多抱怨。然而,不知道为什么,她竟然感染上了过敏性紫癜,这份工作不得不因为患病而结束。她辞工治疗、休息,大半年后才病愈。

随后,丽雨在北京的一个职业技术学校报名,学习操作计算机。一个月的学习加上两个月的练习,就算是完成了培训。在计算机班认识的一个姑娘给丽雨介绍了一份在机票代售点卖票的工作,这个工作每个月有600块钱的收入,每卖出一张票,还可以赚五块钱。可惜这份工作没做多久,丽雨就辞职不干了。说到辞职的原因,丽雨说"感觉很烦"。"烦"是一个概括性的说法,其中部分原因是丽雨觉得自己不会说话、不够精明,不擅长售票,尤其是和同事比起来,显得没有能力;部分是因为住在老板家里,老板的妈妈太喜欢管着他们,"这也要管,那也要管",这令年轻的丽雨感到难以忍受。

短暂的机票代售工作结束后,丽雨看到小玲在超市干得不错，就跟着小玲到了超市做售货员。丽雨卖男鞋，她觉得男鞋是很好卖的，因为那些男人试穿合适后很容易就买走了。可惜的是这家小超市客流量太小，生意很差。丽雨不得不转战另外一家超市，继续卖男鞋。

没有想到的是新的工作刚刚开始，又不得不结束。这次是因为赶上了2008年北京奥运会，彻查和清理外来人口。当时丽雨的身份证丢了，害怕被遣送回老家，只好跟老公离开北京，到河北去了。

丽雨在河北的工作，是在饭店做酒水促销。每天只有中午和晚餐的时候工作，任务就是把某一个品牌的酒推销给客人。这份工作底薪1000元，完成一定量的任务还有提成。不过，丽雨说自己一般都达不到这个量。但因为饭店的服务员帮忙推销，所以这份工作还算轻松，她和服务员们的关系也不错。然而，这份工作也并非做得完全顺心。饭店还有另外一个品牌的酒水促销，由于那种酒的价钱比较贵，顾客不大会买，那个服务员的销售业绩不如丽雨，就对丽雨心怀不满，经常借机在饭店里跟丽雨吵架。

河北的工作随着丽雨的怀孕和生育而结束。此时老公小李在河北当保安，丽雨的女儿李涵在河北的一家医院出生。

在"娘家"与"小家"之间

丽雨和老公,与拾荒大院的其他年轻人不同。一般而言,这些年轻人就算是远离家乡到外地谋生,结婚的对象也会在老家寻求。他们的对象大都是同村的,经共同的亲友、熟人介绍相识,或者本身就是远房亲戚,例如前文中的小张和小玲,便是如此——他们都是年少时就到外地工作,结婚的时候回老家举办婚礼,婚礼结束后两个人再一同返回城市工作。

刚来北京的时候,这个大院里有一个年轻人曾经追求过丽雨。和丽雨一样,他也是"拾荒二代",父母早年来北京拾荒,自己跟随父母住进这个院子,不过丽雨说自己"看不上"他。丽雨看不上他的原因很多,除了不欣赏他这个人之外,也是因为不想再和垃圾行业打交道了。后来这个年轻人回到老家娶了妻子,又回到北京子承父业,夫妇俩一起做起废品买卖,并且很快连续生下两个孩子。

丽雨和老公的相识颇为传奇。他们是网友,在QQ上聊天认识的。老公小李是陕西人,当时还在新疆当兵,是丽雨朋友的网友。丽雨有次用朋友的账号登录,跟他聊上了天。两个人越聊越好,小李复员回来后就马上见面,成为男女朋友,怀上李涵后,两个人就结婚了。大家对"网友结婚"感到惊讶,对于这一点,丽雨却想得非常清楚:"怎么认识的不要紧,关键是缘分。QQ上有好几百人,跟别人也没成,就跟他好了。"

丽雨的婚礼也办得与众不同。如上文所述,通常的情况是两个年轻人回共同的老家举办婚礼,然后再一起出来打工。丽雨和老公举办了两次婚礼,一次在老公的老家陕西,一次在北京。在老公老家的婚礼比较正式和隆重,她前后换了婚纱和旗袍共三套衣服,从"迎娶"到"过门"也有一套完整的仪式,不像在北京,只是简化成一顿饭。因为丽雨的老家已经没有什么人,亲戚大都在北京打工,所以就在北京办。婚宴就在冷水村附近的一家"天外天"烤鸭店举办,亲戚来了不少人,出的"份子钱"也不少,近一点的亲戚都给了几百块。不过由于是妈妈负责,所以具体的收支,丽雨并不清楚。令丽雨感到不解的一点是,虽然在北京的亲戚都来了,可是在老家的亲戚似乎并不清楚她已经结婚的事情。她不知道为什么妈妈没有通知老家的亲戚,甚至连自己的外婆也不知道。自己结婚这样的大事,在四川老家没有任何的动静,这让丽雨感到自己和老家的距离越来越远了。

在河北一家医院,丽雨生下女儿李涵。生孩子花销不大,只用了1000多块钱,不过据丽雨说,生孩子实在太疼了。因为生育的过程太过痛苦,"不想再受这个罪了",所以丽雨坚决不打算要第二个孩子——这一点也和大院里其他年轻人不同,他们大多生了两个孩子。

2009年,奥运会的风头过去,丽雨夫妇带着女儿回到北京,再次回到父母所居住的冷水村。小李跟着丽雨的父亲学习做装修,工种是"瓦工",岳父就是他最初的师傅。小李说瓦工本身很简单,切割技术几天就学会了,难的部分是计算尺寸和费用,需要通过目测计算出不同情况下,一平方米需要多少块砖。这个本事,就算做过多年的老师傅也大都未必精通,更何况一般的师傅,并不会亲自把细节都教给徒弟,更多的时候是靠徒弟自己摸索。不过小李说,自己琢磨出来的东西,就永远都不会忘记。像小李这样的装修散工,生意主要靠熟人之间相互介绍。有一个人接到了活儿,就会打电话给其他工种的朋友,大家一起把这个活儿做下来。像他们这样的散工,做装修比装修公司的价格要低廉许多。如果一个家装公司包下来的装修需要五万块钱,那么雇用这些散工只需要两三万块钱就可以做好。一般情况下,是包工头把活儿包下来,再以天计,付给这些散工报酬。像小李这样的散工,工价是180块钱一天,多的时候能到200块钱一天。不过,由于北方的天气多变,冬季气温太低,刷的墙和铺的砖容易冻住,10月份以后就进入了装修淡季。这样的时候不太容易接到活儿，小李就会找点其他小生意赚钱。

小李的父亲在老家是一名乡村医生。新农村合作医疗推行后，大多数村民都去乡卫生所看病了，他生意冷清，就来到了北京。在北京他还是选择去医院打工，不过行医不大可能，他只能找到护工或者打扫卫生这样的临时差事。

丽雨和父母家的关系既紧密又疏离，可以说是"若即若离"。一方面，丽雨的小家庭始终围绕着父母的家庭生活，他们投奔丽雨的父母，在父母居住的村子安家，后来索性搬到拾荒大院的门口，靠做大院的生意谋生。小李也跟随了丽雨的父亲入行，学得一门谋生技能。另一方面，"嫁出去的女儿，泼出去的水"，两家已经明确分家。丽雨说，就算住得这么近，也是各过各的，除了明确地说好要聚餐，一般情况下都是各自做饭，经济上更是相互独立。有时候，丽雨的妹妹丽萍来小店玩，说到"家里"，丽雨会跟妹妹玩笑说，"是你家，不是我家"。这一年，父母凭着在北京干活儿多年的积蓄，在老家买了一套房子。这是一个街边的门面房，分上下两层，楼上住人，楼下可以用来开店，前后一共花了23万，分两次付清。付第二笔的时候，父母向丽雨借了几万块钱。虽然借了钱，但是买房子前前后后的事情，却没让丽雨参与，也没有把她考虑进去。对此丽雨有些感慨，说自己现在嫁出去就像是外人了，父母什么都不和自己商量。

至于老家，丽雨觉得自己有"两个老家"。一个是四川的、父母的老家，也是自己从小成长的地方；另一个是陕西的、老公的老家。她说，在北京工作很多年以后，还是要回老家的，也许开个小门面，继续做点小生意，说的就是老公的老家。她说老公的老家比自己家条件要好，离城市更近，但是心里面还是更想念自己的老家，因为自己的老家"氛围"比老公家的更好。至于"氛围"是什么，丽雨自己也说不清楚，"大概就是人和人之间那种感觉吧"。

和小玲一样，丽雨也面临着"何处是我家"的困惑。就像其他户籍不在城市的外地打工者子女一样，"老家"物是人非，自己也早已习惯城市的生活，是回不去了。然而，虽在北京生活多年，想要在此安身立命也不太容易，不但无法获得稳定的工作，甚至没有合法居留的权利。除此之外，作为女性，丽雨婚后从父母的家庭中分离出来，和自己的"老家"四川的关系就更加微弱了。父母在老家置业，也不会把丽雨考虑进去。尽管如此，因为这个大院，丽雨既不完全像是传统中国女性那样，婚后就跟娘家完全没关系了；也不像是那种现代化的新青年，婚后小家庭彻底独立。相反，倒是因为这个大院提供的机会和大院里的社群，丽雨并没有远离娘家的庇护和支持。甚至可以说，丽雨的小家庭和她父母的家庭，在这个大院又一次"组装"起来了，联系反而十分紧密。所以，大院对于丽雨和小玲这样的第二代，还是像"大本营"一样，也许这里才是她们精神上的家园。她们去外面闯荡，结婚、生子后，一次又一次地回到这里，婚礼甚至也在附近举办。她们努力保障孩子的卫生，以确保他们不会被这里的垃圾和脏污的环境所影响，但是又坚持把孩子带到这里来抚育。对这里的垃圾，她们既厌恶，又熟悉。

冷水村主路，旁边的别墅区隐约可见

7."这就叫自由"
拾荒者中的"老北京"

程大叔
　　1952年生,四川巴中人。上世纪90年代与妻子来京,做过工人,后来转行收垃圾。儿子和孙子在老家,2010年儿子来北京谋生,小孙子来北京上小学,大孙子来过暑假。

　　60来岁的程大叔,个子矮矮的,身材瘦小,黑黑的,总是戴着一顶晒得褪色的半旧棒球帽,每天慢慢地骑着三轮车外出收垃圾,样子就像这个城市路边最普通不过的环卫工人。

　　程大叔为人十分和蔼可亲,脸上总是挂着笑。我们当初"闯进"他们生活的大院,没来由地就开始找人搭讪聊天——实为做访谈,身份可疑,其他人都略带戒备地不愿多说;而程大叔只抬头看了我们一眼,一边继续敲打着手头上的铁圈,一边笑眯眯地说:"我给你们拿板凳坐哈!"朴实善良的程大叔，就这样解救了我们这两个尴尬的社会研究员。板凳是非常矮小的那种，颜色发黑，像块木头疙瘩。我们坐下来，跟他聊天。他不是特别能侃，但是回答我们的问题没什么保留。

程大叔讲话，带着点北京味。我们大胆地问："您不会是本地人吧？"他略带自豪地说："我四川人，来北京快20年啦。"最初来北京，他在一个研究所下属的工厂做临时工，干了两年，就开始捡垃圾了。那两年不好捡，因为垃圾堆少了，垃圾都被集中送到回收站了，所以他就另辟蹊径，包了一个小区。[①]大叔认为干这个比打工要好，自己要是打工，一个月最多赚几百块钱，而捡垃圾一个月能挣1000多块钱，一年就能攒下来一万多。而且自己年龄大了，很难再在工厂里找到活儿。

捡垃圾，是为了"自由"

对于程大叔而言，捡垃圾还有一个重要的好处，就是"自由"。他可以自己灵活地决定每天什么时候出门干活儿、出去几次、干多久回来，不想开工也可以不开工。他不止一次自

---

① 有关"包小区"的意思，参见第四章"拾荒父子：离愁与创业梦"的解释。

豪地说起:"我想去就去,不想去就不去,这就叫自由!"

事实上,这一点令人惊讶——这个大院几乎所有的拾荒者,都喜欢说自己"自由"。"自由"在这里是如此高频出现的词语,令我们不得不重新理解,自由对他们来说,到底意味着什么;自由和垃圾,又有着怎样的关系。

实际上,根据我们的观察,程大叔很少真的不出门工作。因为利润非常微薄,为了确保收入,程大叔必须每天收到足够多的垃圾。为此,他就必须长时间在外面奔波、寻找、搜集。他们夫妇每天辛勤劳作,从早到晚,很少让自己闲着。我们从来没见他们休过节假日,严寒酷暑、刮风下雨也是每日照旧,可见这份"自由"的自由度并不大。

既然如此,程大叔为什么还要说自己自由呢?要理解他们口中的"自由"是什么,可能要先理解,对他们来说什么是不自由。对程大叔而言,之前在附近的一家国企打工的经历,算不上自由。作为临时工,收入十分不稳定,工厂生意的好坏决定了他当月收入的多少,在工厂效益最不好的时候,大量的临时工会被解雇。像其他老乡一样做建筑或者装修的临时工,也不算是自由的。这些活计通常由包工头承包,作为工人,他们要先干活儿,完工后再向包工头支取收入。欠薪的情况实在太普遍了,作为弱势的散工,他们几乎没有任何办法保护自己的利益。程大叔也做过装修，因为薪水的问题和包工头发生争执后，就不愿意再干了。老乡被骗、讨薪无门的故事，也听到过太多了。

可以说，这份自由，首先是一种"给自己打工"所带来的安全感：无论多少，赚的钱可以马上拿到自己手上。对于普通的城市居民来说，需要自己的报酬立即被支付、希望马上拿到现钱，可能显得怪异，但是对打工者来说，这种渴求现实而迫切。他们缺乏支持和保护，事后维权对于他们来说成本太高、太过艰难，因此只能小心谨慎地保护自己的利益。

另一方面，程大叔的"自由感"来自于那种自己做决定、安排时间的"当家做主"之感。如果是工厂工人，时间则会被精确地切割和安排，行动也会受到严格的管控。工厂的纪律，年轻的打工者尚能忍受，可是对于程大叔这样的年迈且有过半生务农经验的人来说，就是非常"不自由"的体验了。某种意义上，捡垃圾更像是老家的农业劳动，辛苦而繁重，但可以自由支配。

最后，程大叔以及他的同行们纷纷成为自我雇用者，有的人最终开设站点，有的人始终是"个体户"，做着属于自己的买卖，自己当家做主，生意掌握在自己手里，可以自由地决策和安排。当然，如前文所述，这种自我雇用的表象背后，是非正式经济领域的底层散工的弱势处境。作为废品回收非正式经济领域的工人，他们的劳动给垃圾重新赋予价值，让它们变成成本低廉的原材料。他们日复一日地付出劳动，其实就是没有假期、没有保险等保障的计件领取报酬的劳工。这种自由感对他们而言是真实的、愉快的，是以天天和垃圾打交道换来的，为了这份自由，他们甘愿忍受歧视和污名。

如果以来北京的时间作为衡量标准，程大叔简直是个外来人口里的"老北京"了。他经历了这个村子的各种巨大变化，住在这个村子期间，村支书都换了好几任，他还经历了北京的变化、外来人口政策的变化。他曾被有关部门送回老家两次。不过每次刚被送回去，大叔就立刻踏上返程的路。

做垃圾生意十几年，程大叔算得上是个行家了。任何你想得到、想不到的东西，他都会告诉你用途和销路。旧球鞋的底会拆下来，卖到橡胶加工厂；旧衣服可以用来做被子的填充物——当然，这被子并不是给人盖的，而是大棚里盖蔬菜用的；没有完全腐坏的食物，还可以卖到养殖场喂猪。他们还会带着自己的亲戚、老乡入行，程大叔的侄子也做废品买卖，而且干得比他还要大。侄子的生意叫"包楼子"，意思是承包一栋大厦的废品收集和运输。他的"楼子"就是中关村的一座计算机商城，据说废品非常之多，他雇了几个老乡，每天60块，包吃包住，在那栋大厦的底层，夜以继日不停歇地分拣着。

程大叔的老婆杨婆婆和他一样善良淳朴，乐观而不设防。像很多四川农村老婆婆一般，圆脸，高颧骨，花白的头发分开两边扎着。她每次一见我们就笑着招呼，要我们去她家坐，我们坚持在外面看他们工作，她就会从家里搬出小板凳给我们坐。他们的这种小板凳，在其他地方难得一见，是那种特别低矮的小木头凳子，木头的颜色已经变成黑褐色。有一次别人对我们的身份疑惑不解，她解释说："她们是实习的学生，出来跑一跑、玩一玩，还能赚点钱，和传销差不多一样的。""传销"的说法令我们惊讶不已，不过随后发现，这个词在他们这里似乎并没有负面的含义。此外，这个理解还不算太荒谬，之前还有收废品的图大爷说我们是"来搞串联的"。

每天程大叔把垃圾拉回家，婆婆就在院子里分拣。对于垃圾，她像是有一种格外的"洁癖"。她每次都把那些分类出来的垃圾规整得干干净净，摆放得整整齐齐，打包打得一丝不苟，好像在做家务，令人联想到她家里的整洁，小小的、黑黑的房间里，所有物品、衣服、被褥都收拾得认真仔细。她甚至连垃圾场都会打扫，每天分完货，她还会用扫把和簸箕，把那片曾经堆放垃圾的地面打扫干净，连浮土都会扫走，最后还要用废旧的被褥和口袋，把所有的货物盖得严严实实。

北京的冬天总是异常寒冷，大院更是难抵刺骨寒风，让人只想赶快躲进室内，虽然这简易的平房，也不十分暖和。这么冷的天，不知道年轻人的脏衣服都到哪儿去了，他们有时候会很多家合用一台洗衣机，或者干脆洗得不那么频繁。杨婆婆却经常蹲在院子里唯一的一个竖在地面上的水龙头旁边洗衣服。这个水龙头有时候冻住了，需要浇开水才打得开。我们忍不住问她："不冷吗？"她只说"还可以"，脸上的笑容质朴平和。

分拣货的时候，杨婆婆从来不戴手套。垃圾里常有玻璃或者尖削的金属，戴手套可以保护手不受伤，当然也会干净一点。我们问她为什么不像别人一样戴手套，她回答道，戴上手套，干活儿就不够快了，以前戴过，嫌速度慢，就不再戴了。我们问，有危险的东西怎么办，她的回答极其简单："不怕！"

有一次有工厂过来收购材料，价钱不错，每家都卖了很多货，兴奋写在脸上。不过收钱的时候，大家都怕拿到假钞，他们把钞票对着太阳照了又照，不敢确定真假。这个行业利润微薄，又没有任何的保障，吃亏上当也无处申冤，所以每个人极其小心翼翼。我们跟杨婆婆分享辨认假钱的招数。我们说，你用手摸毛主席的领子这里，如果有网格凸起来，就是真的。她试了试，笑了，伸出她的手，说："摸不出，没有你们的手那么细，我们的手不行！"她的手，关节粗大凸出，手指粗糙，伤痕累累，有一种褪不去的黑色。这是多年拾荒的身体印记。

辛苦耕耘，是为了老家的儿孙

老两口儿用双手在北京捡垃圾十余年，用挣到的钱在老家盖了一栋二层小楼。"是砖房"，程大叔强调。他们只有一个儿子，所以一直没有跟儿子分家。儿子待在老家，没有出来打工，他们就每年把攒下来的钱寄回家给儿子，像2007年就寄了一万多。程大叔有两个孙子，提到孙子，他总是很得意，说："我大孙子很厉害，才13岁，就比我高了。"程大叔对儿孙全心付出，感情溢于言表。不过对此他的老乡兼邻居却有点看法，有次悄悄跟我们说："老爷子太傻了，所有的钱都给儿子了，你说以后老了，儿子万一不管，你怎么办？怎么说也应该给自己留点！"

2010年的时候，程大叔的儿子也来到北京。之前他在老家种地、搞养殖,平时还跑车挣点钱。他说自己并不喜欢出来打工,更喜欢待在老家,可是为了自己的儿子上学、娶媳妇,他不得不踏上了自己并不情愿的北上打工之路。此外,老家不仅不如北京好挣钱,而且花销非常大,所以不出来也不行了。我们问,老家的花销怎么会比北京还大呢?他告诉我们,在老家需要交际,打牌、请客、逢年过节,还有各种人情世故,哪一样都免不了花上一笔,比如别人家结婚、生孩子、老人过寿,都要给礼金,而且还会攀比。想逢年过节请客吃饭,现在每桌都必须配饮料"营养快线",你不配就拿不出手了。单说物价,老家都不比北京便宜,现在像城市一样,他们吃的大部分蔬菜,都需要购买,更不要说生活日用品了。

儿子到北京也干垃圾买卖,可谓"子承父业"。农村居民到城市找活儿干,往往不是盲目的,他们会循着老乡和亲戚的经验入行,于是就出现了来自一个地方的人"垄断"一个行当的现象。像这种"非正式"的行当,更是"前人栽树,后人乘凉",往往是前辈寻找机会,开拓一个挣钱的空间,后来者继承这份活计,还会把事业发展壮大。程大叔的儿子就比父亲做得规模要大,赚得也多。他买了一辆小货车,专门把垃圾从一个小区运往一家大的废品收购场。夫妻俩就住在那个小区，每天分拣、运输，一个月可以赚得五六千块钱。除了这辆运货的车，他们还有另外一辆车，从四川开过来后，一直闲置着。

一直让程大叔引以为傲的大孙子，现在就读于成都的一所职业学校，放暑假跟着爸妈来到北京。我们去程大叔家，却总也见不着他。有次他和大叔一起到家，明明看见他进了屋，可一转眼人就不见了。大叔说，可能是去网吧了，两年前他放假来过北京，一来就把村子里所有的网吧都摸清楚了。我们想知道他什么时候回家，大叔给他打了几个电话，他都没接。我们说："还在上学就有手机了呀。"大叔说："对，他要，就给他买了。"不一会儿他回来了，"90后"小青年模样，穿着松松垮垮的低裆牛仔裤，头发是前长后短、遮住额头和眼睛的时尚发型，懒懒散散，不爱搭理大人（也包括我们），永远都在玩手机，一回来就斜斜地靠在床上，用手机播放流行音乐。

程大叔的小孙子有六七岁的样子，爸妈来北京干活儿，就把他带过来上小学了。他就读于"永春实验学校"，是一所有校车接送的打工子弟小学。周一到周五，他住在爷爷奶奶这里，周末回自己的父母那边。校车只会把孩子们送到村口，从村口还要走一段路才能到家，于是程大叔他们又有了新任务，每天下午4点半，都会骑着三轮车，准时接小孙子回家。我们问是不是所有的孩子都有人接送，婆婆说，也不是，很多孩子都自己走的。我们说，为什么不让他和同院子的其他小孩一起走回来呢？婆婆说："他要嘛，他每天都说：'婆婆，你来接我嘛。'还有最近有杀小学生的事，不是闹得很凶吗？你们知道吧?！"原来，令人震惊的幼儿园门口砍杀小童的社会新闻，已经传到了拾荒大院。虽然杀人者跑到如此偏僻的打工子弟幼儿园或小学门口作案的可能性不大，但是这里的家长们像城市里的居民一样，加强了对孩子们的安全保护。

　　以前几乎看不到老两口儿消费，孙子来了以后，这个家庭新添了不少东西。大叔下午回家，路过村子的晚市，总会买点小东西带回来，有时候是动物形状的小钱包，有时候是一双新拖鞋。有一天，我们在大叔家里看到了两辆看起来挺高级的遥控小汽车。问大叔是谁买的，大叔居然告诉我们："他（小孙子）自己拿了钱跑出去买的，两辆车加上电池100多！"我们对孩子说："你这么小就会自己买汽车呀！"这个孩子就像他的哥哥一样，不爱跟大人讲话，从来不回答我们的问题。程大叔拿着遥控器演示给我们看，却没有小孙子玩得好，总把小车撞在柜子上，小孙子心疼又着急地把遥控器抢走，跑到一个角落里独自玩去了。

来北京近20年，程大叔他们没回过几次家。老家的新房子盖好后，也没有享用过。现在儿子也出来了，家里一个人也没有了，还要请邻居帮忙看家，一年付给邻居1000块钱看家费。我们问程大叔以后如何打算，他说："以后干不动了，肯定要回老家。"

我们问："有没有想过在别的地方安家养老呢？你来北京这么久了，就没想过留下来吗？"

"北京不可能，我们没钱。"

"很多人在外面打工回去以后，都会去镇子上或者县城安家，你们会不会呢？"

"不会，住在镇子上，没有收入怎么办？"

"那回老家有什么收入呢？"

两人说："能种点什么就种点什么，至少能搞点自己吃的，没有钱也能活。"

"还打算种地吗？"

两人异口同声："等我们回去，已经老啦，种地也种不动啦。"

"那你们不跟儿子在一起吗？儿子肯定还要在外面干活儿呀。"

程大叔肯定地说："要在一起，我们不分家，儿子以后也会回老家，跟我们一起过。"

我们追问："为什么一定要回老家呀？"

两人说："我们四川人啊，还是觉得老家好。我们那儿的水，都是山上的泉水，不像北京，从什么河里引的水，空气也不好，菜也不好。你们那儿也是吧？"

实际上，问他们是否打算留在北京，对他们而言，这个问题近乎荒诞。我们认识的所有中老年外出打工者，都肯定地告诉我们说，他们以后不会留在北京。他们会说，有钱才能留在北京，而他们没钱，北京的房子太贵了，想都不敢想。或者说，就算有钱，他们也没有北京户口，不算是北京人。还有的干脆地说，我是农民，不管出来打工多少年，我永远是农民，肯定要回到农村去。由此，不留在北京，一方面固然是"不能"的问题，另一方面也是"不想"。我们所知道的太多打工者，就像程大叔，十多年不回家，却把在城市积攒的所有资金都投入老家的房子。城市只是个赚钱的地方，永远比不上老家的空气和水土。在城市是辛苦地工作，努力地过凑合的、暂时的生活，而"回家"是归宿。

不过我们也知道，年轻的打工者对于"回家"，不再如他们的父辈一样执着。程大叔的儿子倒是不愿意出来闯荡，但是他的孙子就不一定了。程大叔和杨婆婆没买养老保险，也没有入农村合作医疗,对于回家后的养老,他们像老一辈的农民一样,寄希望于儿子的赡养。对于回老家后全家三代同堂、合家团聚的美梦,也是一种对老家的想象。以这种想象为动力,老两口儿在老到干不动之前,不会停止在城市中日复一日地对着垃圾辛苦劳作、努力积累,养育和补贴儿孙。

III

废品的空间
城乡接合部

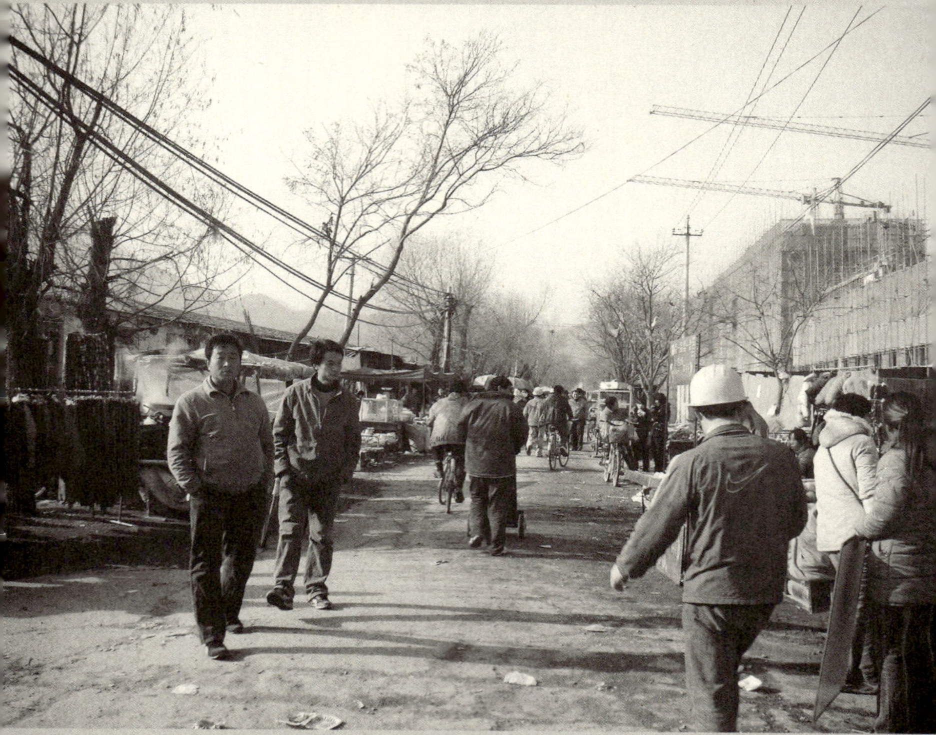

很少人问，每天产生的垃圾到了收废品场后，会发生什么事情。大部分人觉得，垃圾离开家里后马上变为死物堆土，跟人彻底断绝关系，再没有任何社会性。事实是相反的——垃圾在城市当中结束"生命"，同时在另一个空间获得新生。本部分的目的，是探讨处理垃圾的空间及其社会性。

本书第一、第二部分聚焦废品回收产业和拾荒者的社群。在第三部分，镜头将会被拉远，为读者呈现：这样的非正式产业和这样独特的社群，所处的是一个怎样的空间？换句话说，是什么样的空间，滋生了如此丰富又有趣的产业和群体？这就是垃圾的中转站，非农非城、混杂的空间和小区——城乡接合部。这个空间有农民工社群，又与豪宅小区和国有单位为邻。每天，废品从业者在这个空间往返，把我们所抛弃的东西和地产资本、小工业资本等元素，以及独有的城乡接合部文化搅混在一起。在这里，废品继续在特有的空间、经济和社群里获得新的意义。

探讨垃圾的落脚地，除了能够加深对于收废品群体的认识，更能够认识中国城市化生产非常重要的空间——城乡接合部。我们的调查发现，在城乡接合部这种偏僻、闲置空间较多的地方，有很多外来人口从事废品行业。废品从业者利用非农非城的空间堆积废品，以超强的劳动投入，为城市废品创造新的价值，同时在这个空间寻找一种有别于其他群体的工人身份和城市以外的生活。通过以下故事，我们希望呈现城乡接合部复杂的阶级意义，通过叙述具有多重差异性的空间，进一步了解城市化和全球化在这些边缘地区呈现的样貌和实际影响。

第一个故事关于一个黑车司机的一家。"黑车"连接了市区和城乡接合部，是这个村子生机勃勃的非正式经济的一部分。黑车司机一家的故事，帮助读者了解冷水村的普通居民是谁、从哪里来、为什么来，以及如何在这里展开他们的生活。他们的打工史精彩得令人意想不到，不但表现了城乡接合部居民丰富而灵活的经济生活，也折射出这个城乡之间的非正式经济空间的独特生态。

第二个是来自四川的装修散工的故事。他和本书中呈现的那些来自四川的拾荒者，有着千丝万缕的联系和相似之处——都来自四川，作为外来人口寄居于冷水村，最初都在冷水村附近的国有企业打过工。而装修这个工作，那些来自四川的拾荒者有时候也会"客串"，甚至会在某一个阶段变成一个家庭成员的主业。这个装修工和他儿子的故事，帮助读者进一步了解这一群体如何在城乡的夹缝中生存，也展现了拾荒社群的独特性：装修工和拾荒者，在同样的居住空间和生存空间、同样的行业当中，不断地交错而过。

第三个故事，也是本书的最后一个故事，将会回到拾荒者，这个故事有关一个拾荒的女性。这位女性捡垃圾，却从来没有正面承认过自己的拾荒者身份。另一方面，作为拾荒大院里最讲究形象的人，她的时尚使她显得和整个院落格格不入。在充斥着垃圾的环境中，在用来运输废品的三轮车上，她的时尚显得矛盾、怪异但又无比真切，就像这个她每天踩着高跟鞋穿过的断裂又"杂合"的小区，讲述着当今中国别样的现代化和城市化的故事。

冷水村：垃圾和超真实的城乡接合部

叙述冷水村，除了这里的一个收废品大院是我们主要的田野调查场所之外，我们还特别希望思考这个空间与其间不同行动者的互动和互为构成。但是下笔一刻，我们还是无法对冷水村下一个定义。一般的说法认为，它是典型的城乡接合部，但是到底城乡接合部是什么，好像还没有一个很好的说法。

过去十年，研究空间的学者对中国的"城中村"着墨较多，城中村的产生与中国的城乡二元结构和城市化有关。农村农地在极速城市化的过程里突然被征用,有的村子居民尚维持农业身份,在缺少城乡政府的协调和政策规管下,这些村子盖起不同形式的楼房、小商店、小作坊,甚至发展为小城区,吸纳正规城区不容许或者需要严格按照相关规定申请行政牌照的行业、人群、贸易等等。

城中村的形成,既是快速城市化的意外结果,又受到各种城乡群体的形塑。农民工上世纪八九十年代在城市打工,难以进入城区的房屋租赁市场(需要有单位介绍信、暂住证明等);城市内部或周边,维持农民身份的居民自己盖的临时楼房,一下子就成为农民工在大城市的栖息之地。同时,很多在城区需要经过行政单位批准才能拿到营业执照的工业生产,亦能在相关条例和执法部门尚未涉足的城中村找到生存空间。这就造成城中村充斥着由外来农民工经营的、没有营业执照的、劳动密集型的小工厂和小店,以及密集又狭小的民工宿舍;在没有铺设自来水管和污水管的土路上,却有小商店彻夜灯火通明。难怪Zhang Li在她早期的北京浙江村研究里说,城中村简直是大城市官员的眼中钉,官员认为高档、高科技的大厦还没有迎来,先来个又脏又乱的城中村,恨不得马上取缔之(Zhang,2001: 4)。

但正如很多城市研究学者所论,城中村在中国的高度城市化中扮演着必不可少的角色,它以不规范的租住市场弥补现实中的缺失,在城市不平衡的住房市场与供需失衡的情况下,为失去土地的村民和外来农民工提供一定的生活和居住保障(Liu et al., 2010; Wu et al., 2010),也是农民工的一种民间自救策略(Zhang et al., 2003)。与其说城中村是大城市的"他者",不如说在中国城市和乡村的两种土地产权和管理差异下,在两个管辖权时重叠、时相冲突下,城中村成为两者在城市化过程中的一个利益和控制的协商空间。其实,城中村就是超大城市和消失的农村相互作用(accomplice)的结果(Bach, 2010)。

和城中村不同的是,城乡接合部往往位于城市的外围或者远郊,面积和规模更大。城乡接合部好像是城中村的延伸,实则又不尽然。在我们的田野观察里,城乡接合部更复杂、更多元。它有城中村的特色,有民工聚居的平房,但是没有密集的"楼挨楼"的情况,很多平房是农民四合院的扩展建筑;它有很多非正式经济领域的行业,无名的、没有正式牌照的工厂,却都有着围墙高高的大规模厂房,它甚至有规模颇大的交易市场,包括早市和晚市两种,售卖各种农贸产品和生活用品;同时,农村和农业还没有完全消失,村子本身就有农田和果园,毗邻的山上树林风景特别宁静优美;另外,因为它的土地面积大，很多需要大面积厂房的，或者污染特别严重的行业，比如废品回收和汽车喷漆，都在这里营运。

冷水村地处北京六环外，偏僻，从中关村坐公交车要一个小时才能抵达。村里以前分布着农地，种植桃子和樱桃，养猪，还有一个大型的国有企业研究所；2000年后，越来越多的农民工进驻，逐渐形成一个老北京农民和外省人共处的小区。

冷水村作为一个城乡接合部，其空间比想象中的更为复杂，这里除了农地、小作坊，还有国有单位、单位家属院，另外还有每栋价值上千万元的富人别墅区。这些小小区看似各家自扫门前雪，互不相干，因此很少有人思考它们并存中的关联与矛盾性。法国思想家列斐伏尔（Henri Lefebvre）提醒我们，资本的累积也是空间的产生，而且是人与人的空间关系的重新组合（Lefebvre，1991）。本书从垃圾在这个空间的流动出发，发现了更多意想不到的空间实践和意识，而这些联系都让我们重新思考，中国的城乡接合部是什么、它的空间意义和独特现代性。以下我们会介绍城乡接合部里的四个共存又截然不同的小区，让读者进一步了解，我们每天产生的垃圾流动到城市边缘后，又进入一个既断裂又复杂的空间里，与这里不同阶层的人群发生了非常微妙的关系，同时也赋予城乡接合部非常独特的意义。

一、平房平民小区

2008年，我们来冷水村的时候，本村人已经在说这里要拆迁，所以都赶着修建房屋，扩充老房的面积，以博取赔偿，也顺应大批外来人口不断增长的住房需求。后来冷水村马路变得越来越窄，老房越盖越宽，究竟是外来人口增多所致，还是本村人故意扩房所致，不得而知。

今天，冷水村八成的居民是每天往返于北京城里与此地之间的农民工，他们以150元至180元的月租，一家几口在八至十平方米、冬冷夏热的砖砌小平房里蜗居。麻雀虽小，日常饮食起居问题基本解决。小平房一般修建在老四合院里，一个四合院里里外外可以违章建筑四到六间平房甚至更多，民工租户10人、20人共享一条水管和一个厕所，大伙在此安身立命，互相扶持。所剩无几的本村居民大多是老人，以租金顶养老金，也顶孩子、媳妇都迁移城里而自己留守的孤单。

冷水村之所以吸引农民工，不只是因为它所提供的便宜住所，也在于它的工作机会——这里的国有企业是村里的"大老板"，雇用了大量民工做临时工；同时，也间接催生了很多解决吃饭休闲、手机买卖和维修等需求的商业机会。从

2000年开始,这里的国有企业开始招募临时工,吸引了大批从河北农村过来的农民在这里务工,在车间从事生产。除了国有企业外,中型厂子和小作坊充斥着冷水村,制造中低端产品。因为村里有四合院平房供出租,冷水村既是民工居住的空间,又是他们工作的空间,于是形成了一个独特的、在超大城市周边发展的城镇现象:农民离家又离土,进厂却不进城(陆学艺,2005)。

很多城中村里,山寨手机零件店、小吃店、小作坊林立,一间间店铺紧挨着,顾客、居民熙来攘往,车水马龙,旺、挤、乱。和这些村子相比,冷水村应该不能被算作是城中村,它可能更符合城乡接合部的定义:农地、厂子并存,留守农民和外地民工共生。大概是因为地理位置偏僻、交通不便,它的小型商业没能像一般城中村那样发达起来,连冷水村中心地带的一家"超市发",几年前进去就黑乎乎的,只有小猫两三只,后来更是以停业收场,现在沦为黑车聚集地,每天把村里的上班族送到附近的公交、地铁站,可见在这里做生意并不容易。

冷水村最热闹的地方,算是它的"早市",位于东西走向的主路西段。早市每天早晨5点多开始,小贩出售的商品有各种水果蔬菜,以及粮油、禽类、肉类、熟食、冷冻海鲜、零食等。有供应早点的摊位，也有贩卖小工具、厨具、卫生用品、床上用品、玩具、衣物甚至配饰等日常用品的摊位，但是这个繁荣的经济空间，每天中午12点准时散场——本来忙着叫卖、收钱点货的小贩们会极其迅速地收拾离开，底层人民自由买卖的空间瞬间即逝，让人意犹未尽，却又道出它的特质：这里的居民因为收入有限，消费以"生活必需品"为主，而不像城里人总是消费"耐用消费品"，甚至是即用即弃的消费品（孙立平，2004b）。

实际上，冷水村的"城市化"令人存疑。村里那些迅速工业化的小作坊排出大量污染物和废料，充斥在路上、空地、河沟，但同时这里的果园还是挺有名的，每到夏天，都有城市的居民来这里采摘水果，感受这里的乡土气息。冷水村的工业污染和农业图景充满了矛盾，但这里的居民已经习以为常。

二、废品空间

废品院子是冷水村的特色，村里有好几个逾百平方米的院子，都发挥着收纳废品的作用。正因为冷水村没有完全工业化、城市化，所以土地的用途尚未经过规划。于是，它原来的农用地，比如已经荒弃的猪圈，就开始转型，巨大的院子空间遂成为各式各样小作坊和废品处理的最佳场地。

废品回收场增加的一个客观原因是，随着90年代北京市的急速发展，城市消费大增，垃圾量也大增，而政府只是尽量把周边的农地变成城中心的附属地，让各式各样本在市中心、后来因为地租昂贵而负担不起的服务点自发转移。

废品从业者就是这样迁移到冷水村的，他们中，有的人约20年前曾在北京市中心的四合院居住，靠着收废品为生，随着建筑工地、商品房装修越来越多，废品量暴增，他们所需要的储存空间也越来越大。我们的访谈当中，不少废品从业者都有过这样的迁居史：本来住在二环，后来迁到三环、四环、五环、六环附近，最后落脚在六环外的冷水村。我们最初以为他们是农民工，对北京市毫不熟悉，慢慢发现他们才是"老北京"：他们在见证北京发展轨迹的同时，不断地被边缘化、农村化，每一次城市化的扩张，都把他们挤向外围。

我们最熟悉的废品回收场在冷水村东西路段的末端，旁边是平静的桃园、民居和一个棉被加工厂，入口有个五米的红砖水塔，不认路的根本无法知道，里面就是一个废品院子。院子面积大，一边是连在一起的10个平房，住着10户人家。废品从业者起居饮食的空间和堆积废品的空间混合在一起，不分你我。

最早的废品从业者上世纪90年代初从四川搬到这里，他们在北京收废品兼养小孩；小孩长大后回老家读书，结婚后，在2011年又回到北京这个废品院子居住，带着自己的小孩在这里谋生。几代人在这个院子生活，又把农村的亲戚介绍到这个行业，他们在这个特殊的空间做废品买卖、养儿育女、互相照顾，建立起一个围绕着废品经济、老乡关系和家庭生活的特殊纽带和混合空间。

废品从业者、他们的处境和他们的院子，正是整个北京城市化和现代化过程中不可或缺的他者。北京越是现代化，废品越多，废品从业者就搬得越远，越不可见，越封闭。反过来，没有这些外来人口愿当废品从业者，没有他们的不嫌脏和臭，没有他们的搬迁，北京的现代化还会增加不少成本。

三、国有企业，以及有限的幸福

冷水村最有名的，还是这里的国有企业。一个国有研究所及其工厂——生产民用和军用产品的车间，大量聘用农民工以降低生产成本，也彻底改变了这里的人口构成。但是因为所里有不少的研究人员和老职工（有编制的），且原来的家属院就在旁边，所以距农民工平房区域不远，就可以看见一个专属的、传统的、"大锅饭"时期风格的单位小区。

研究所的大楼建筑经典漂亮，是一栋红砖七层大楼，红砖墙上攀满绿油油的常春藤。研究所对面有十几二十栋上世纪八九十年代的六层单位宿舍房，单元门口放满自行车，院子整齐干净，每一户的窗户都挂着铁栅栏，从外面可见窗前有花有草，小康写意，和冷水村平房里家徒四壁的境况大相径庭。单位小区有种格外自信、闲适和宁静的氛围。

在我们的访谈里，几乎每一个住在冷水村的农民工都当过研究所的合同制工人，研究所的工作是这里很多人进入城市就业的最初过渡。从农村出来的人都觉得研究所是一个很好的落脚点：国有单位不敢欺骗人，所以不会有欠薪的问题，虽然工资偏低（2008年时月薪1500元，2010年涨到2000元），但不失为一个稳定的、包含"三险"（养老、医疗、失业保险）的工作；同时，工作时间和收入相对稳定，收庄稼的季节回老家近便。但是当农民工每天进出这个单位的小区，他们更能体会到与之相联的幸福是那么高不可攀，更能明白和谐、小康、住房保障和"铁饭碗"离自己有多远。

在研究所这个国有企业，工人待遇的差异，不止于在同一单位里有编制的工人和合同制工人同工不同酬、不同福利待遇、不同社会权利，还伸延到每天的生活中。很多人做了研究所的工人，一两年后便会设法跳槽，转到其他风险较大、收入较高的工作。我们在冷水村访谈过的收废品人和其他居民也是一样,他们刚来北京时,大都在研究所的工厂当过工人,但是很快他们就知道所里的工资根本比不上外面的行业,所以纷纷转行,希望赚取更高的工资,而收废品正是一个需要一定市场数据和劳动技能,又能获取更高工资的行业。更有意思的是,差不多所有放弃当工人的,都跟我们说希望更自由一些,这也表露了工厂对工人,尤其是对合同制农民工的控制是多么令人难受。

四、"高大上"的富人别墅区

虽然冷水村是21世纪初新发展起来的一个民工村,但此形势在2003年后一直在转变。2009年的时候,冷水村的一部分农地就被改造为工地,工程在晚上没有间断过。当时村民们就疯传这些工地上马上会盖起一栋栋豪华别墅,只是大家茶余饭后会笑说150元月租的郊区怎可能变成富人区的时候,那些三层楼的西洋风格别墅真的登场了,而且以惊人的价格销售:每栋超过1000万人民币!

新小区和破旧的冷水村平房区域仅一渠之隔,中间的一排橡树没有将两个截然不同的世界分隔开来,婆娑的树影反而像是一面镜子,让大家亲眼看见什么是"富、高档、豪华"。对于本来住在六环外的农民和从外省迁移过来的民工,

"高档"和"豪华"可能只会用来形容中关村甲级办公楼,其意义和自身居所的关系没有多大,可这下子它们变得鲜活,而且它们就在自己每天回家的路上呈现、放大。

在好奇心驱动下,我们跑到村口北边不远的新小区售楼处勘察,顿时感觉置身于梦境中。高档小区里采用了欧美公园的地形景观,虽然是寒冬,却漫地绿草绵绵,树影婆娑,人造的小山坡景观堪比纽约中央公园。中央会所大楼(售楼处)的周围有一个人造湖泊,我们走在白色的西洋风格石桥上,看着凄美的结冰湖面,可以想象夏季莲花盛放时这里的美丽景致。听起来挺荒诞可笑的,可这正是这个小区的景观和空间所呈现的"品位",它的欧美建筑景观"美学"处处都在显示它的阶级品位,也就是皮埃尔·布迪厄所说的文化资本其实标志着不可跨越的阶级区隔(Bourdieu,1984)。向我们推销别墅的中介小姐也特别强调,这个小区将会配有一所英国贵族学校、已经跟开发商签约云云,而且附近北大清华的很多教授对小区也有兴趣,很多人已经认购,等等。最重要的是,她还特别说明,现在住在村子里的人"全部都会搬走"!

从头到尾,中介小姐并没有向我们述说别墅的建筑材料如何、装修质量怎样,其实比起整个小区的绿化空间、建筑美学与品位,这类质量问题都显得微不足道。在那个声称五星级的会所空间,我们鞋底的泥土促使一位打扫卫生的阿姨连连跟着我们,神经质一般地抹去我们在白色大理石地面留下的每一个泥土脚印。这种种表征都传递着一个非常清晰的信息:购买这个小区的顾客很高档,但他们购买的不单是一套房,而是有大学教授做邻居的小区、令人向往的贵族教育,还有整个欧美湖景白桥会所连带的上层社会休闲生活方式和审美观。准确来说,它不单是一个富人区,而是一个独特的阶级文化空间,它不但让没有资本买房的人觉得不应该进来,更让没有某些教育背景的富人自惭形秽。那天我们从冷水村宅基地跑过来,看见昔日的农地变成草地,庄稼没有了,剩下的是一种以空间的方式呈现、以特权利益所演绎的文明和文化,觉得不可思议。

从别墅小区跑出来的时候,我们心里有一种无法言说的感觉。那种感觉就像进了迪士尼主题公园,看见用塑料做的城堡城墙,大家知道它是假的,只是一个童话式的想象,可是周围的游客却特别兴奋地摆姿势拍照,有的还租了一套公主服装,认真地撑起一把洋伞对着镜头。同样,这个豪华小区就是一个拟仿(simulacra)的欧美公园和贵族世界。

后现代主义理论家让·鲍德里亚(Jean Baudrillard)提出,后工业社会已经不再是早期工业时代的简单生产与资本家剥削工人，而是已经进入了一个以消费符号为主导的时代，人们不但生产和购买实实在在的耐用产品，还进一步生产和消费品牌、服务、虚荣感、浪漫、刺激、幻想。这导致今天社会上充斥着他称作"拟仿"的安排，而这些拟仿与真实交叉纠缠，形成一种不能再分出真假，而且比真还真的超真实（Baudrillard，1994）。在当代中国，这种拟仿一点都不陌生：世界之窗主题公园、水泥搭建的水乡古镇、少数民族主题餐馆、高档酒店会所，莫不如此。但很令人始料未及的是，这超真实的拟仿安排，竟然会在城乡接合部拔地而起。

城乡接合部：压缩在一起的断裂空间

冷水村一方面充满工作机会和居住空间，又同时包含很多没法进入的封闭小区。一个充斥着收废品大院的平房区域，一个中层科研单位的小区，一个高档的私人住宅小区，加上零散的民工平房小小区，它们巧妙地各自表现着独特的排他性、无法逾越却又超越阶级的历史文化政治疆界。

大卫·哈维（David Harvey）在其名作《后现代的状况》（*The Condition of Postmodernity*）中指出，资本扩张不但带来经济现代化，也同时是加速生产、缩小地理距离、彻底改变我们对空间与时间的概念的过程。他称后现代状况为一个时间和空间同时被压缩的文化过程（Harvey，1991）。孙立平（2004a）把这种压缩的概念置放在中国的语境里。他论说北京有中心金融区，有中关村科研区，有城外的工业区，有郊区的乡村，他说这几个空间安排就是20世纪90年代以后资本快速扩张等因素所造成的断裂空间。马杰伟（2006）在广东的城市研究中也提出类似的观点，认为酒吧与工厂共存的东莞，就是一个压缩了工业和消费时代的空间，二者既断裂又共生。

我们认为，城乡接合部最独特的是它进一步集合和压缩这些"断裂"的空间，把不同的时代、文明和发展过程，压缩在一个很小的区域里。在这里，农民工平房里还没有抽水马桶，富人别墅可能已经是智能家居。这里有些工厂以最原始的劳动密集模式运作，有的厂子却以高科技机械营运。单位家属院的一边，可能是新盖的豪宅，另一边可能还是老农民的四合院。这种种断裂的社会关系、劳动模式和发展水平，却在同一个空间里互相对立、共存。

正是以上种种情形在那么小的区域内平放在一起，它们才显得格外荒诞。冷水村的断裂空间，不但在于上述这些"拟仿"的贵族空间紧紧连着"真实"的民工区域，又与体制内的科研单位比邻，更在于这几个区域已经无法分开，甚至形成一种"城不城、乡不乡"的独特现代性。这种现代性以空间表述，则是断裂的，却又是真实的日常图景。冷水村的独特现代性，正好反映着宏观的政治经济如何在最边缘的角落彰显，而这一切最终则幻化为一种压缩的、断裂的空间安排。

小 结

骑着三轮车的废品从业者，经常游走在这些断裂的空间里，挑拣可卖的东西，然后在自己的院子里做基本的分类、清理，继而堆积、转卖。我们每天遗弃的垃圾，竟然会停留在这个非城非乡的混杂空间，可能是很多人预料不到的。冷水村完全是可以在北京市地图上消失而无人在意的空间，但是正是这空间承载着北京每天那么多的消费和浪费，延续着城市的繁华和外来人口对城市的迷思，它也同时延续着我们每天消费却不用处理垃圾的迷思。除了废品从业者，冷水村还住着装修工人、建筑工人、小时工、保洁妇女、超市收银员，以及他们的孩子；和废品从业者一样，他们都是冷水村的居民，也是北京这座城市不可或缺的人物，每天来往于市区与冷水村之间，促进着北京的城市发展。

本部分中几个故事的主人公不一定是收废品人，但他们是这个独特的非城非乡空间的实践者、行动者，他们有的在废品场里住着、带小孩，有的就住在废品场一街之隔的地方，他们在这超真实的冷水村空间，目睹垃圾的进出、与垃圾一起生活，同时不断改变着这个空间的意义。总的来说，垃圾在这混杂、压缩的空间，又与不同的群体打交道，产生出新的社会关系和社群。

8. 冷水村的引路人
连接城乡的黑车师傅

宋师傅
"黑车"司机，40多岁，山东宁阳县人。妻子在超市打工，20岁的女儿小草在北京的一家电子厂工作，儿子小欢在冷水村小学就读。

在冷水村，有一个大家都心知肚明的经验：想要打"黑车"，就到村子中心那个废弃的超市门口，那片空地停着的车子，都是"黑出租"。到市区的价格也有不成文的规定，开车的和坐车的都心知肚明，上下浮动不会超过10块钱。

黑车：接驳城市与冷水村

为什么要打黑车呢？冷水村地处京郊，实际上离市区并不远。从市区打一辆出租车，30多块钱就可以到这里，还有两趟公交车经过村口，倒一次车就能到市区。虽然如此，进村出村却并不方便。打一辆出租车可以进村，但是离开的时候，在村子里则很难找到一辆正好经过的空出租车。至于公交车，车站在村口，可是要从村口进村子，还有至少20分钟的路要走；住得离村口远的，需要走上半小时甚至更久。为了解决这段路程，村口倒是有一些摩托车，两块五、三块钱可以把你从村口的车站拉到村里任何地方。不过这个地方偏僻，公交车也不多，等一趟车要半小时甚至更久，如果赶时间的话，等公交车来不及。这样，就催生了冷水村的一个重要的"产业"："黑车"。

所谓"黑车"就是指没有牌照的私家车，跑出租业务，没有计价器，价钱就是乘客和司机口头约定的。冷水村的黑车，通常都有固定的线路，把乘客从冷水村拉到约定的地点就会返回，不会在市区招揽乘客。当然，黑车司机都知道营运黑车有巨大的风险，一旦因违法被抓，要缴纳不菲的罚金。同样，坐黑车也是有风险的，黑车无论是车还是司机都没有年审，很多黑车都是有隐患的二手车。安全问题不说，不把乘客送到目的地，或者临时加价"宰客"，都是常常发生的事情，又因为黑车不被监管，所以遇到这样的事情也无处投诉。尽管如此，对于冷水村上万居民来说，黑车是不可或缺的交通工具，填补了公交系统无法满足的需求，实在给他们的生活带来了巨大的便利。我们听说，打黑车的除了偶尔需要进城的，还有就是每天早上去市区内工作的。冷水村的居民里面，有不少每天都要去中关村——北京最大的数码产品市场工作。像这样的打工者，有时候被称为"蚁族"，他们在城市内赚取收入，但是又无法支付大都市高昂的房租和生活成本，不得不在城市边缘的村子里居住和生活，黑车就成了他们的通勤工具。有需求就有市场，黑车行业也是冷水村里林林总总的非正式经济之一。黑车联结了城市和它的边缘地带，把没有能力在城市定居的外来人口输送到城市，提供廉价劳动力。也正是在冷水村这样的城乡接合部，执法并不像城市里那样严厉，黑车行业才有生存的机会。

宋师傅就是冷水村几十个黑车司机中的一员。我们和宋师傅看似"凶险"的第一次相遇，就是在他的黑车上。

那天天色渐暗，我们不得不打一辆黑车返回市区。那时候刚到冷水村，对这里的一切都不熟悉，生怕被宰。隔着车窗问了几个价钱，要价30（元）。有一辆蓝绿色的小车，非常新，就像是刚买的一样。车窗缓缓摇下来，露出一张面相忠厚老实、肤色黝黑的圆脸。"25（元），"这位司机说。我们就上了车。不但车新，开车的司机也像是新手的样子。车上的空气是紧张的,不知道为什么,我们和司机都有一些警觉,一路上话不多。

小汽车很快离开郊区,在联结内城和郊区的环路上飞驰,开上一座立交桥。"嗒"的一声,司机把车门锁上了。我们面面相觑,却也不敢问司机为何突然锁门。此时天色已经黑了,虽然看不见外面的路,但是我们感觉,这一趟比以往时间长了很多。"怎么还没到?"我实在忍不住,小心翼翼地问道。"快了,"司机的回答也不太热心。

最后我们发现了一个明显的事实,车子离我们的目的地越开越远,背道而驰,而且像是在绕弯。我们也越来越紧张,不知道司机的意图是什么。此时司机的慌张和压力已经无法掩饰,只得承认他不认识路,在环路上走错了出口,现在正在四环上兜圈子。他说自己是外地人,对北京的路不熟,问我们是否认识路。我们说自己也是外地人,又是学生,对路也不熟,在黑夜中更无法确定环路的车道。司机着急地冒汗,又加快车速,希望快点找到对的路,我们因而也不敢再催促,只好一边努力地辨认方向,给他提供线索,一边耐心地等他找到对的路。就这样,我们又陷入沉默,黑夜里不认路的外地新手黑车司机,拉着同为外地人的我们,在非常复杂的北京环路上飞速行驶着。

不知道又绕了多久，到达目的地时已经很晚了，时间花了平时的两三倍。车子停下来，锁上的车门并没有打开。"你们多给点吧，"司机说，"要不我这一趟油钱都不够，赔得太多了。"第一次的黑车之旅，最终以我们多付了一些车钱结束。

我们发誓再也不坐这辆车了。没想到，这位司机和我们在冷水村认识的朋友租住在同一个大院，是邻居。他们一家三口租住一间月租120块的房间，因为经常见面，我们和这位司机一家熟悉了起来。了解后发现，宋师傅其实是个实在人，生意上虽然小心翼翼地保护着自己微薄的利益，但是也绝不坑人。他的妻子郭大姐总是笑容满面的，爽朗大方、热情好客，喜欢邀请我们到她家里坐。他们上小学的儿子小欢十分可爱，说起话来停不下来。我们不但每次都坐宋师傅的车回城里，还时常去他家里串门。这样，我们成了宋师傅的熟客，也和他们一家成了朋友。

非正式经济领域找生计：大显身手的一家人

宋师傅是山东人，最初来北京的时候，并不是要开黑车。宋师傅对初来北京时的情况记忆犹新。那一天是2002年的五月初五，经自己的妹夫介绍，宋师傅到位于冷水村的研究所的工厂做临时工。实际上，如前文所述，冷水村的外来人口中，很多人的第一份工作都是来这家国有企业做临时工，包括本书中的几个来自四川的拾荒者。可以说，国企的工作机会把他们吸引过来，在冷水村安家后，他们又各自找到了新的营生，而这个现象也印证了冷水村非正式经济的生机勃勃——人们进来总能找到一份生计。

宋师傅在冷水村落脚四个月后，郭大姐带着一岁多的小欢来到北京，一家人开始了在这个村子的生活。一年多以后，在老家读到初中毕业的女儿小草也来到北京，一家人就在冷水村团聚了。

宋师傅在工厂工作的收入时好时坏，因为是临时工，跟正式工人的薪酬制度不同，所以工资并无保障。他们的工资取决于工厂的效益，最开始工厂的活儿比较多，宋师傅一个月可以拿到2000多块，最少的时候也有一千八九。后来活儿越来越少，工资也越来越少，几年过后物价涨了，宋师傅却只能拿1000出头。在这种情况下，全家人合计一番，就决定拿出存款来让宋师傅学开车，然后买车跑起了运输。

一开始，郭大姐并未外出打工，而是在家里带小欢。姐姐小草来到北京时才15岁多，年龄太小无法工作。郭大姐就让女儿接送弟弟上幼儿园，自己出来赚钱。她的第一份工作是在中关村的电子大厦做保洁员。大厦保洁的工作十分辛苦，郭大姐做了几个月就换了另外一份工作。经人介绍，郭大姐开始了超市的工作，具体的工作内容是在洗衣液柜台推销洗衣液。对于郭大姐来说，这份工作相对轻松：分早晚班，每天早上7点多到下午3点，或者下午3点到晚上9点半，每个月可以休息四天。郭大姐本身就很热情、爽快，行动利落，语速也快，能说会道，看起来做推销员应该再适合不过。她自己也干得很满意，把这份工作一直做了下去。

这份超市推销的工作是"保底加提成"制度。最初的底薪比较少，才800块左右。郭大姐努力推销，一个月可以拿到1400块。后来保底工资涨到了1200块，郭大姐每个月就可以赚1500到1900块了。工资一般都会押到下一个月发放，例如4月的工资，要到5月25日才会发下来。为了多赚点钱，一般"五一""十一"这样的假日，郭大姐都会主动加班，因为加班费有三倍工资之多，"干啥不去呢？"。

实际上，休息时间郭大姐也没闲着。有一次去她家，发现小草的小房间里多了一台冰柜，占据了这个房间的大半空间。郭大姐解释说，她又开展了一个新业务——批发冷冻肉食去早市售卖。作为冷水村居民，他们一家也是早市的常客。早市的商品品目繁多，价格便宜，还有各式新鲜的蔬菜水果，每天从清晨开到中午，方便了他们的生活。郭大姐注意到当时早市卖冷冻食品的不多，于是看准了这个商机，购置了一台二手冰柜，批发冷冻鸡肉之类的食品，自己休息的日子就拉到早市去卖。再后来，郭大姐还当上了钟点工，利用自己的关系网络，经人介绍到各种地方去打扫卫生。

冷水村这个外来人口聚居的地方，不仅仅为城市里的打工者提供便宜的居住地和消费品，也为他们提供就业和谋生的机会。像宋师傅和郭大姐这样的冷水村居民，总是能在这里找到一份生计。善于在这里寻找商机、生财有道的，不仅是宋师傅和郭大姐，他们的女儿小草也聪明能干，在打工的过程中，努力地寻找甚至创造着增加收入的机会。

小草打工的生涯，从冷水村的一家小作坊开始。有一天，小草在村里的街上碰到了一位老乡，此时她刚刚年满16岁。经老乡介绍，小草进了冷水村里的一个电子厂打工，这家小厂是住在村子里的一对姐弟开办的。这样的小作坊式工厂，在冷水村多如牛毛，繁荣的时候一家挨着一家，生意不好的时候，关门也快。小草打工的厂子，三个月后就关门了。不过此时的小草已经算是入了行，她自己凭着关系找到了外村一家大型电子厂的工作。在这家厂子工作非常辛苦，小草从此每天早出晚归，清晨出门，深夜才能回家，春夏秋冬，天天如此。

在大厂工作一年多，小草边干边学，积累了经验，也看懂了生意的门道。她开始自己"跑业务"，寻找需要做电子产品加工的客户，有时候是客户把原材料送过来，有时候是自己去买，接到活儿以后自己回家做，做好再给客户送回去，主要是焊接之类的工作。这样，小草自己就成了一个电子产品加工小作坊，自己跑业务，拉到活儿便自己做工。当然，小草的工作方式非常灵活，有时候别的工厂有活儿又缺人手，就会打电话通知她去。她在那里领计件工资，有时候一天可以赚200多块钱。有段时间，她白天去别人的工厂工作，晚上回家做自己的加工，很是辛苦，但收入还不错。生意好的时候，小草还发动爸爸妈妈下班后一起给她帮忙。为了拉到生意，小草还自己印了名片，跑到中关村数码产品市场派发，让商家有需要就联系她。在街边派发小广告效果不错，这让小草业务量大增，不过好景不长，2008年奥运会前夕，城市的管理严格起来，听说在公共场所派发小广告会被抓起来，小商贩们都要避风头，小草也不敢一个人去跑业务了。不过，小草技术娴熟、能力强，从原料进厂到产品出厂，整条生产链她都精通，不愁找不到活计，很快她就到一个大电子厂当领班了，这份工作管吃管住，每个月有3000块钱工资。干了一段时间，这个工厂邀请小草入股，小草就拿出3万块钱投了进去，成了小小的股东，钱是小草前几年工作自己积攒的。据郭大姐说，小草十六七岁的时候，会把工资交给她，18岁后，小草不再给他们钱，全部自己积攒起来。

对这个能干的女儿，宋师傅和郭大姐很是骄傲，不过两代人的消费观念差异不小。像厂里的其他年轻人一样，小草喜欢打扮，追逐时尚，衣服更新得也很快。对于衣服的价钱，她总是不跟父母说实话，说新衣服是四五十块钱买的。时间长了，才会透露真实价钱，说是90多块钱买的。女儿来了以后，母亲就不再买衣服了。郭大姐的衣服、裤子、鞋子都是女儿穿过后不要的。聊到这些我们这才明白，为什么郭大姐总是踩着走路不便的鞋子，鞋跟又细又高。小草自己做电子设备，也喜欢玩手机，她的手机每年一换，连三年级的小欢也有一个手机，他说是姐姐的旧手机，买了新的就把旧的送给他了。郭大姐的手机却是自己去村子旁边的市场买的。她想过让女儿帮忙买，但女儿肯定会买1000块钱以上的，这样还不如自己去买，500块钱的足够用了。

在城乡接合部育儿

正在上小学的小欢，也是宋师傅和郭大姐的骄傲。小欢聪明，学习成绩在班里是中上等，还经常得奖，小小的出租屋里贴满了小欢所得的各种奖状。我们曾经看见小欢在家门口写作业，大声、流利地朗读英文课文，语音语调标准，样子也十分自豪。宋师傅拉活儿有一个策略，就是会带上小欢"压车"。这样，如果在城里被警察怀疑，就可以说拉的乘客是自己的亲戚朋友，自己的儿子也在车上，可信度就大大增加了。所以我们回城的路，十次有八次是在小欢的陪伴下。

实际上，对于小欢的照管，夫妇俩有些担忧。宋师傅跑车时间不定，郭大姐工作时间长又不能离开，常常不能照看小欢。有时候小欢中午放学回家，宋师傅还在外面跑车，小欢自己一个人就没有饭吃。好在冷水村也算是半个"熟人社会"，这种时候郭大姐就会打电话求助自己的老乡或者房东家人，总能找到援助，带小欢吃个饭，或者给他几块钱。除了求助熟人，郭大姐还跟家附近的小餐馆和食品摊打了招呼，说如果小欢来吃饭，无论有钱没钱，先让他吃饱，等他们回去以后再结账。有一次，他们中午回家晚了，发现小欢自己在家下了挂面吃，第一次自己做饭，甚至还给宋师傅做了一份，这让他们很感动。

吃饭问题还可以想办法，陪伴和监督就无从解决了。小欢非常顽皮、贪玩，下午放学回家，如果家长不在家，就不写作业，放下书包就会跑到外面玩，一直玩到晚上才回家。

老师给家长打电话,说小欢常常不完成作业,他们才意识到问题的严重性。更加令人担心的是小欢的安全问题。小欢曾经迷上了和别的孩子一起玩滑板,他们夫妇花了100多块钱,给小欢买了一个属于自己的滑板。拿到滑板第一天,小欢就摔伤了,哭喊着被别人送回家。宋师傅看他摔伤了头部,马上送往附近的医院检查,甚至连"如果真摔傻了,也要养他一辈子"这样的事都想到了。为了照管小欢,郭大姐最终辞去正式的工作,只靠小买卖和打零工赚钱。因为监督小欢完成作业,他们还得到了学校的一份嘉奖:"和谐家庭奖"。宋师傅说,这个奖项表扬家长负责任,在课后配合学校的要求。在冷水村小学,外来打工子弟比例不小,可想而知,多数父母疲于为生计奔波,很难顾及孩子的课后教育,这样的奖项是为了鼓励那些为孩子的课后教育花费时间的家长。

有一年夏天去宋师傅家,看见小欢正为一项作业而发愁。这是暑假作业,要求假期中去旅游,贴上旅游的照片,并写上一段相应的游记。小欢在薄薄的相册里翻来翻去,只找到一张两年前去天安门的照片。照片里的小欢愁眉苦脸,表情不好,不过实在找不到更合适的照片。小欢出游的机会不多,其他的照片都是小时候的,和如今的样子差别太大。近照也有几张,却是在家里照的,不是旅游。在冷水村,像小欢这样的打工子弟，很少有机会出游。很多孩子在北京多年，北京的旅游景点却没怎么去过，甚至连市区都没去过几次。虽然对北京市区并不熟悉，但冷水村却是小欢的乐园，他在这里有很多朋友。有一年寒假，全家人一起回老家过年，小欢十分不乐意，因为害怕回家没有伙伴，闹着不愿意走。

举家迁移北京多年，好几年才回老家一次。虽然如此，礼金的往来证明了宋师傅一家和老家的紧密联系。每次回家，他们都会花上几千块钱的"人情"费用，亲戚、邻居办红白喜事、娶媳妇、嫁女儿、生孩子，一般关系都要给200块钱，如果关系近，则要给得更多。虽然四五年没有见面，但这并不意味着礼金可以省下，每次回家都要把这几年没有送出的礼金一一补上，再加上压岁钱，50到100块不等。回家过年，一两天就会花出去上千块钱。小草不理解父母："每次回家怎么能花那么多钱呢？不给不行吗？"郭大姐认为她还太小，不懂人情世故："这是肯定的。该给的都得给！"

在冷水村这个独特的城乡交合空间，宋师傅开黑车，郭大姐卖冻肉、做保洁、打零工，女儿打拼自找客户，一家人终于攒了一点积蓄，最后在山东老家县城买了一套房子。这是宋师傅和郭大姐打算用来养老的地方，用郭大姐的话说，在外面是"漂漂漂"的感觉，只有回老家，才有真正的安定。

宋师傅一家在老家已经没有土地，当年的政策是如果出来打工，需要为自己的地缴纳"提留款"，如果把土地交给大队，给别人承包，就可以免缴。为了省下这份钱，宋师傅把土地上交给大队了，后来农业税和"提留款"政策取消，大队也没有给这些上交土地的人任何补偿。虽然没有土地了，但老家农村的房子还在，多年不住，却持续修缮。宋师傅说："也是个家呢。"至于如何维持老家那边在农村的家和在县城的"电梯房"，宋师傅没有多说。我们想，如果他们能在一个混合着垃圾、富人、外来打工者和老国有单位的复杂空间生存下来，那么将来可能还要继续在冷水村的平房、山东小县城的新房、农村的老房三个点之间穿梭游走，编织一个地理跨度更大的生存空间。

冷水村早市一隅：卫生纸小摊

9. 老乡邻居交错相逢
装修父子的教育梦

袁大哥

四川巴中人,39岁。初中毕业,来北京14年,家庭装修的瓦工,专职铺砖。妻子在中关村做保洁。他们家两个儿子,大儿子15岁,在北京某重点中学上初中;小儿子7岁,在冷水村读小学。

虽然袁大哥是装修工,不是废品回收从业者中的一员,却是冷水村这个非农非城空间重要的行动者之一。类似袁大哥这样的人物在冷水村特别多,他的故事不但牵涉农民工下一代在城里受教育的问题,他的工作、育儿经验都是在城乡接合部空间安排下独特的经验。另外,其实收废品人和装修工人关系密切,我们的很多收废品受访者的家人、亲戚就是装修工人,这显示了农民工虽然有时会动员整个家庭资源网络

经营一种生意，但是他们也会有所分工，分散风险：一个行业衰败，另个一行业还能补助家庭开支。袁大哥跟我们聊得特别好，除了让我们从另外一面理解收废品人这个群体和网络，也让我们对城乡接合部的空间与人有了非常深刻的认识。

能在平房找到袁大哥，通常是因为他那天在家休息。白天时，平房通常不锁门，门帘子一掀开，袁大哥会从床上坐起来，头发蓬松，脸上挂着疲惫，但总会笑盈盈地招呼我们进来。袁大哥的故事有很多，除了在北京打工挣钱、回老家修房的辛酸历程外，我们聊得最多的是他儿子的学业、他跟儿子的关系。

第一次见袁大哥是2008年12月，还没有过年，属装修行业的淡季。那时他刚好没活儿，不知道跟金融危机有没有关系。不过袁大哥在北京做装修这行已经十几年了，对于行业的起落已习以为常。他最初是跟着老乡一块儿做，跟着人家学手艺，后来自己单干，现在他与自己的两个连襟兄弟合作，组成一个小装修队伍，一个做木工，一个做油漆工，他自己负责瓦工、铺地板。对于这个技术工种，袁大哥说："除了手艺之外，个人的关系和信誉最重要！"袁大哥喜欢跟我们说工作的窍门："找活儿主要是通过口碑！活儿都是老客户推荐的。今天我给你家做了，你觉得满意，你推荐给你的朋友。

现在谁家搞装修都不是一件小事，肯定要先看看你干的活儿，觉得放心才肯交给你。"自己既是老板，又是工人，节省成本非常重要，他说："我们不会轻易请人，能自己干的活儿就自己干。虽然自己是瓦工，但管道之类的活儿我也能干，请别人一天就要给别人一天工资，把自己能挣的钱给了别人，这样不划算。"

作为装修行业的散兵游勇，袁大哥凭借温和的性格和可靠的为人，这些年已经积累了不少客户资源和行业关系网络，工作基本上能够接得上，一般一个活儿还没做完，下个活儿就已经定下了。有时候也会给别人帮忙，有人接了活儿自己干不了，就请人帮忙，按天给钱。装修属于技术工种，比其他工作挣钱多。瓦工这一行的工资更是几年间一直往上涨，2003年的时候一个大工（技术工人）一天的工资才80块钱，2007年涨到100块，2008年又涨到120块；如果活儿比较急，要紧急请人的话，一个大工一天可以赚得150块，到了2011年的时候已经涨到160块。平均来说，袁大哥一个月挣3000块钱不成问题，活儿好干的时候，如果加班加点地干，一个月最高能挣到5000块。

在北京养育小孩

有时候工作的地方离家比较远，袁大哥就住在客户家里，但他并不常常这样做。每天晚上回家对袁大哥来说极为重要，他心里最惦记的就是自己的大儿子小袁，他想每天赶回家为他检查作业（当时还是小学），他说：

> 我这个水平，辅导孩子还勉强可以……我们工作辛苦，就是要为孩子留出上学的钱，要孩子上大学，如果考不上大学，就送他去技校，学点技术。将来这个社会啊，没有知识、没有技术是不行的。你有了知识，你就能去那些大的公司应聘，到时候这个工资啦、社会保险啦就有保证了。

袁大哥对孩子教育的重视超乎我们想象。他们一家人之所以从肖家河搬到这个村子来，主要是为了孩子上学方便。孩子刚来北京的时候，在肖家河一带的打工子弟学校上学，上了不到一个学期，袁大哥就觉得打工子弟小学的水平太差："学校在垃圾堆上，你说能好到哪里？主要还是这个老师啊，私立学校老师没保障，没准他初中毕业就来教小学。"

从老乡那里，他得知这个村子的小学招收外来打工者的孩子。据他说，这里是当时他所知道的第一家招收外地学生的公立学校。袁大哥不但打听，还考察：

> 我首先跟老师接触了一下，觉得这里的师资、教学条件都比较满意，而且老师说学生如果成绩好的话，还能升附近的二中，在这里读书，学费也不高。小学一二年级都是100块钱一个学期，三四年级是120块一个学期，现在五年级的学费还没有交。所以当时就转到了这里。

这个小学另外一个好处是离他们的家很近，才五分钟的路，小袁中午回家把父母准备好的饭菜加热就可以，也可以省一点午饭钱。

2009年再来袁大哥家里时，发现屋里的书桌上放了一台计算机，液晶显示屏，在接近家徒四壁的平房空间格外显眼。袁大哥腼腆地说是10月份在苏宁电器买的，"清华同方"牌，花了3000多块。当时小袁五年级了，上学已经离不开计算机，老师把课件、通知都发到公共邮箱，必须上网。他们把房东家的网线牵了一条过来，但可能是因为带宽不够，袁家一上网，院子里的其他几户人就上不了网。袁大哥计划干脆就自己装一条宽带，不过他很犹豫，一年得交1000多元钱。袁大哥每天回来都要检查儿子的作业，他对孩子的态度是有期待但不给压力："我不要求你每次都考100分、都拿第一名，但你要用功读书，回来之后作业必须完成。"他还清楚地知道儿子的强项和弱项——数学好，语文作文并不出众。

因为外出打工，不得不将第二个孩子交给家里的老人照顾，袁大哥万分不愿意，也很无奈。他第二个孩子太小，带到北京来照顾不暇，只好由孩子母亲的姐姐照看，因为袁大哥的父母已经不在了。但是，他对老人带小孩很有看法："有的孩子的姥姥、姥爷已经70多岁了，在家种地，没有那个精力来看孩子。再者，孩子当天有没有上学、学了什么，没人知道，孩子在家里没人管，很容易学坏。"他还认为，就算外出打工，把孩子带在身边，管教一样重要："有些人不管孩子在旁边，整天说脏话、打牌，让孩子整天看着他们打牌，你说这样孩子能学得好吗？"袁大哥相信言传身教的重要性，为了给小袁做好榜样，他从不打牌。他也希望可以把小儿子接过来一起生活，担心长时间不在一起，孩子和自己越来越疏远——事实上担心的问题可能已经发生了，现在小儿子暑假来北京，却想念老家的大姨和大姨夫，并且称他们为"妈妈、爸爸"。

升中学的喜与忧

2010年再探访袁大哥的时候,得到了令人喜出望外的消息。冷水村小学根据学生的成绩和表现,决定推荐小袁升上北京著名的101中学。袁大哥又兴奋又担忧,一方面为自己孩子表现优秀而骄傲,心头的大石也放下来了,因为小袁上小学的时候,外来务工子弟是否可以在北京上初中还是一个问题,家里一直为要不要把他送回老家上学举棋不定。小袁的表哥表妹早早就回到老家县城上学,他们的父母觉得如果能早一点回去会比较容易适应。恰好在小袁升学的这一年,农民工子女的"小升初"政策确定了下来,小袁可以留京读初中了,而且还可以上一个教学水平相当高的学校。但另一方面,问题依然悬而未决:根据政策,小袁需要回老家高考;读到高中,小袁还是要面临和父母分开的问题,而且老家的学校竞争更加激烈,也没有人照顾。但是袁大哥挺潇洒的,他满怀乐观地期待着:"走一步看一步吧,说不定到时候,政策又变了!"

2011年,我们有次拜访袁大哥,这天正好小袁的学校要开家长会,袁大哥就为此专门停工回家了。小袁变了,从认识时只有小学四年级到现在,小袁由一个看见我们过来就跑去玩的黄毛小子变成青春期的少年，个子已跟袁大哥差不多，人还是挺害羞、安静，眼神也变了，变得有点复杂。在北京读重点中学肯定不简单，我们问他学习情况。他说："同学的英语很厉害，刚去上课都听不大懂，现在慢慢好一点。不好的学生要坐到后面去。"我们不敢问他是不是好学生，但从他的语气能猜出，他不一定还像小学时那样，是班里的尖子。袁大哥补充："班里不是北京的学生很少。小袁分班的时候，我仔细看名单了，上面写着学生们的原籍，整个一个年级只有十几个人不是北京的。"一方面，因为"小升初"政策刚刚出来，所以北京学校的外地孩子确实还比较少；另外，北京本地的学生竞争力比较强，大概外地学生不容易进这样的好学校，进来了也肯定要承受不小的压力。

袁大哥能给小袁提供的支持也开始有了些变化。学业方面，袁大哥能管的变少了，他说："现在我们夫妇俩也帮不上什么忙了，只能让他靠自己，我们能做的也就是陪陪他而已，给他多点支持。"而生活上需要操心的更多了，因为中学离家比较远，小袁每天早上5点半就得起来，袁大哥、袁大姐给他准备些面包、八宝粥、火腿肠当早饭，6点就出发，时间挺紧张。晚上作业压力也不小，小袁在家里做作业起码要花两个多小时，从晚饭后一直到9点多，还要温习课文。他和袁大姐也就是在一旁陪着他。

小袁上初中后，袁大哥跟我们讨论较多的是补习班的问题。他问："我在农大搞装修，看见外面挂着中学补习班的广告，就在他的学校附近，每天放学后两小时，一个小时得80块钱，一天就得160块。你们觉得这样值得吗？是不是太贵了？是不是每一个科目都要补？"要是让小袁去补习班，他们夫妻俩的工资都不够付学费的。袁大哥为了这个问题特别请教老师，老师说只要能回家把老师上课讲的好好消化了，不上补习班也没有问题的，袁大哥听了略感安慰，但心里还是矛盾："上补习班还是有用，但是这么贵，而且我们住得也远，也是没办法。"说到这些，袁大哥脸上的表情很是无奈。

老家在何方？

袁大哥的老家在经济不太发达的四川偏远山区，交通不便，地少人多（人均不到一亩地），劳动力过剩，90年代才刚刚解决吃饭问题。70年代末、80年代初刚改革开放的时候，村民就出来打工，全县主要收入来源是外出务工。他们来北京将近20年，不会年年回家，因为一家人来回一趟的路费就要1000多块钱。长期在外，和家乡的距离也越来越远了，但袁大哥对老家的感情很深："老家的东西都是自己种的，没有受到污染，在城里是吃不到的！"

袁大哥总感觉自己是一个外来打工的，无法真正融入已经居住了十几年的北京。一方面老家很少回，另一方面北京又没法真正融入，他说有时候有种"没家"的感觉，非常矛盾。他还提到过，自己的父母现在都已经不在了，兄弟几个都在外面打工，老家已经没有多少牵挂了，所以有时候觉得一家人是在北京，而且邻居中还有不少亲戚——主要是他妻子家的人，亲戚之间也关系密切，来往频繁，时常会在一块儿聚一聚。这样，说北京冷水村就是自己的家也没错。

他认为这些年北京对外来打工者而言，环境还是改善了很多的。前些年上街总是提心吊胆的，害怕被警察抓；现在情况好多了，他说："本地人和外地人的待遇越来越平等。外地人的小孩也能（在北京）上小学了，成绩好的还能升初中。学校的老师对外地的孩子和本地的孩子也一视同仁，说本地的孩子和外地的孩子都是孩子，这让我们感觉挺温暖的。"

纵然北京有种种的好，而且也开始变得像是"家"，提到未来，袁大哥还是以坚决的语气说："肯定是要回老家的，即便将来孩子长大了，留在北京发展，我们（当父母的）还是选择回家，到老家种地，尽量自己养活自己，不成为孩子们的负担。"

目前他把自己的土地安排给别人种，为的是不让土地闲置。袁大哥诚恳地对我们说："国家的建设征地越来越多，土地越来越少，将来吃饭怎么办？土地隔几年不种就荒废了，这不行！"另外，他虽然如此上心地教育儿子，希望他们能多读书、有文化有知识，但他也不要求儿子发展什么事业、有多大的成就与作为，甚至说："如果真的有本事了，我希望他能够回家，我们老家不发达，比较落后，我希望他能够回家建设家乡。"但问他家乡有什么发展机会适合年轻人，他想来想去，也说不出什么来。如此看来，在袁大哥心目中，老家和土地是最后的保障，是情感的寄托，也是无法卸下的责任。

小　结

袁大哥不是收废品人，但是在冷水村这个城乡接合部，他肯定是一种典型的非正式经济个体户。在很多层面上，他和经营废品生意的王大哥很相似：靠着老乡关系入行，慢慢累积经验，自己发展生意网络，随着北京城市的发展，住处越搬越远，也随着年龄渐长，开始思考家庭迁移、小孩在北京还是在老家上学的问题。王大哥让在四川老家的父母照看着两个女儿，袁大哥的儿子则选择在北京闯下尖子升学之路。

两个家庭都选在冷水村这个租金便宜、交通便利、有公立学校、经济多元的空间，建立和开拓自己的亲友营生网络甚至是家庭生活，说北京才是他们的家，也毫不过分。

最后一次见到小袁是2011年暑假，小袁又长高了。他的表哥、表妹全部从四川老家来到北京过暑假，小袁跟他们在一起最开心、最放松，我们不想问他很多学业的问题，不想让他徒增压力。但是他主动跟我们说可能很快就要回老家读书了，因为马上就要面临不能在京高考的问题，我们问他："想回去吗？"他爽快地说："想！因为他们都在！"然后跟表哥表妹互视而笑。

看来，小袁对冷水村这个居住了将近十年的非城非农的空间，没有一点舍不得。如果将来异地高考的政策问题得到落实，以后在北京出生、成长的学生所面对的迁移压力就减小了。到时候，像冷水村这样靠近城市的城乡接合部会发生更剧烈的变化，能够容留他们这样的打工者的地方可能要迁移到更远、也可能更光怪陆离的地方。

推土机正在把这里变成豪宅区

10. 垃圾场上的高跟鞋
时尚、尊严与母爱

老乡大姐
陕西商州人，40岁左右。老公搞拆迁，自己有时捡垃圾补贴家用。有两个孩子，平时放在老公的四川老家，假期会接到北京来同住。

我[①]一直不知道"老乡大姐"叫什么，她也从没有告诉过我。每次我去废品大院，其他人热情地招呼我，她只是在一旁沉默地看着，不太爱跟我搭话。不过，如果我一直站着，她会默默地回屋，拿出一个凳子给我坐。

---

① 本篇中的叙述者"我"为作者张劼颖。——编者注

垃圾场上的时尚

虽然最初交谈不多,我对她的印象却极为深刻。因为相比起院落里的其他人,她实在太时尚了,和这个堆满垃圾的院落显得有些不谐调。她十分注重仪容,梳着齐刘海,头发扎在脑后,眼睛文了眼线,总是穿着紧身的裤子,踩着一双高跟鞋。即便在屋里待着,哪儿也不去,高跟鞋也总是穿着的。每次见她,她都换了一身衣服,不像这个院子里的其他几个姑娘,衣服永远是那两件;与那些和她年纪相仿、当了母亲的女性比,样子更是完全不同。她还特别注意搭配,一身衣服往往都是特意在颜色和款式上有所搭配的,有时候鞋子上和衣服上,也会有相互呼应的花样。北京的冬天特别寒冷,大家都裹得很厚实,她穿得却并不臃肿。一次我看她穿着绿色短裤和长筒靴,忍不住说:"短裤真好看!"她一副不以为然的样子说:"都买了三四年了!"还有一次,她忽然盯着我的脸说:"你的皮肤好!"没想到在这里突然有人会跟我讨论皮肤,我愣了一下,连忙说:"不好不好,来北京以后差得多了。"她凑近来,仔细用眼睛端详我的脸几秒钟,说:"确实有点问题!我(的皮肤)在北京也比较差,但是在四川的时候就比较好!"除了格外注重打扮,她的姿态也让她与众不同，走路的时候昂着头，背挺得笔直，有时候又显得慵懒，看起来不像她的邻居们那样劳苦。

尴尬而微妙的"老乡"关系

说起来，我和她还是老乡，都是陕西人。然而每次谈到"家乡"，她总是有些莫名的尴尬和回避。实际上，她从来没有主动跟我认过老乡，还是院子里的其他人指着我说"她也是陕西的"，她才跟我点点头，但没有多说什么。平时在四川人的院落，她都说四川话，打牌打得高兴了，才会哼唱几句陕西小调。只有一次，她主动和我攀谈起陕西，问我："你去过咱们那儿的兵马俑吗？""去过，"我说，"你去过没有？"她说："我十几年以前去过。"

"老家"话题聊得不多，作为"外地人"在北京的惨痛经历，老乡大姐倒是跟我提过不少。她说刚刚来北京的时候是冬天，"联防"[①]直接进家里，把他们的炉子砸了。而现在就文明多了，只会敲门，送来一张小条子，提醒大家注意安全使用煤炉，注意防止煤气中毒和火灾。虽然有了进步，但是在

---

① "联防"指的是治安联防队，是为维护治安、协助公安工作而组建的群众性组织。

这异乡的出租屋生活，联防的破门而入、不期而至，却总令她记忆犹新。有次在家打牌，联防和公安突然来了，没等他们进门，打牌的几个人就慌了，想把牌藏起来，结果钱撒了一地，后来公安就以"聚众赌博"之名把她老公抓走了。其实一直是她在玩，她刚刚离开牌桌去做饭，让老公顶替一下，结果老公就被抓了。那次最后交了500块钱罚款，算是这么多年在外打工，损失最多的一次。

她的姐姐、姐夫也住在这个院子，就在她的隔壁。她姐夫打牌的时候听说过我和他是同乡，但并没有什么表示。后来有次他在家门口休息，什么也没干，看见我走过来，忽然问我："你是陕西的？我怎么看着你不像？"我问为什么不像，他沉默了一会儿，没有回答，只问我："你是陕西哪里的？"我说："西安的，老家在长安吧，你是陕西哪里的？"他说："商州。从西安过蓝田，再翻过秦岭就是我们那儿。"我说："商州好哇，贾平凹的故乡啊！陕西名人！"他只是笑笑。我接着说："我常去蓝田呢。"他说："蓝田离西安近，坐车只要十几块钱。"我说："听说商州是个好地方。"他摇了摇头，表示不赞同，说："我们那儿都是山区。"我满脑子小说里的描绘，问他："听说风景特别好，是吧？"他不置可否，眼睛直直地望着前方的地面，再度陷入沉默。我一边示意那些堆放好的垃圾，一边问他："你是不是干这个的？"他摇摇头："不是的。"后来，我也偶尔见过他卖捡来的垃圾。

就是这样，"老家"的话题，在我跟我的"老乡"之间，总是聊得不太顺利。每每提及，不知道是不是情感太复杂了，最后他们总是用沉默来回答我。不过聊到"老公"，大姐的话就多了。

家庭的幸福和痛楚

老乡大姐的老公总是不在家，他是四川人，做的事情也和废品相关，这就是她之所以也住在这个院落的缘故。严格说来，他并不算是个"拾荒者"，而是搞"拆迁"的，可是"拆迁"却和养猪一样，都可以算是废品回收行业的"周边产业"。具体说来，"搞拆迁"比较能赚钱：往往是几个人合伙，把需要拆掉的楼承包下来，除了拿一笔拆楼的劳务费之外，拆下来的材料经过处理还可以拿去卖，其所得往往占收入的很大比例。其实搞拆迁有点像搞建筑，都要通过承包拿到活儿，都在高楼上作业，风吹日晒雨淋的，还有一定的危险性，所不同的就只是一个拆、一个盖。大姐的姐夫和老公合伙做拆迁，有时候北京天极冷，风也大，大姐会看着外面念叨：

"今天我老公要吃苦喽。"

老乡大姐讲究吃,喜欢做饭,有各种自制辣酱。我夸她做饭香,她说:"我老公才会做,他对吃的要求比较高,做饭比我做得好多了。原来在家里,都是老公做饭。现在他忙了,我才做得多一点。我做饭,也是他教的。"

她和老公是在河南煤矿打工的时候认识的。她的父母去世得早,她很小就一个人出来打工,只是偶尔和兄弟姐妹联系一下。认识以后,老公把她带回老家去玩,老公父母当时就说,这个机会挺合适,不如就趁这个机会把婚结了吧。就这样,他们当下就举行婚礼了。婚后不久他们有了一双儿女,他们把孩子带去过河南,又带到了北京,三年前又将孩子留在丈夫的老家,两人出来工作。她好多次都想把孩子接出来,可是爷爷奶奶不让。老人对孩子十分宠爱,不怎么管束,尤其是对女儿。孩子也和爷爷奶奶更亲,反而跟他们有点疏远。她说,前几年有一次过年回家,孩子都不跟她说话了。对于这一点,他们都非常担心,害怕孩子以后跟他们没感情了。

有一年夏天,天气酷热,拆迁的活儿不多。我问大姐,放暑假了,有没有计划把孩子从老家接过来,她只说"再看吧"。然而有一天,忽然看到大姐的家里有两个小孩在玩耍,很是热闹,原来最近正好她有老乡从老家来北京,她就请他们把孩子带过来了。两个孩子,女孩八岁,男孩六岁,都上小学一年级。孩子来了,大姐变得高兴起来了,态度和以前不一样了,开朗了许多,话也多多了。大姐说:"三年前把他俩送回老家,就是想着自己可以多干点活儿、多挣点钱,可是这三年,也没有什么挣钱的活儿,真后悔当初把孩子送回家了!"我说:"那这次就把他俩留下来了吧?"没想到,她又迟疑不决起来,只说:"可能吧,到时候再看吧……"她指着儿子说:"可能叫这个留下来,在这边上学。"我指着女儿问:"那她呢?"大姐犹豫了一下,用有点模糊的口吻说:"这个可能要回去……也不一定,看她自己到时候想不想留下来吧。"

我也很好奇孩子的想法,有次看见他俩在院子里玩,就过去问:"你们是来北京高兴呀,还是留在老家高兴呀?"两个孩子异口同声:"来北京高兴!因为和爸爸妈妈在一起!"

夏天的午后天气炎热,大姐带着两个孩子坐在家门口,邻居们也会带着孩子坐在门口聊天、说笑。大姐和孩子都极喜欢的一项活动就是洗澡,水会装进最大号的塑料瓶和脸盆里,直接放在太阳下面晒,到了下午正好可以用。大姐会把晒好的热水全部倒进一个大塑料澡盆里。我只见过她给儿子洗澡,小男孩看到周围有不少"围观群众",总是要扭捏一阵，不好意思当众脱衣服。最后，在大姐的坚持下，男孩才脱光衣服，在邻居的众目睽睽之下，直直地站进澡盆里。大姐用毛巾仔细地给儿子擦洗，先用洗发水洗头，再用沐浴液洗身体，女儿就在一边做帮手，随时给妈妈递东西，拿着毛巾和弟弟的换洗衣物。洗好后，大姐用一块大毛巾把儿子包起来，仔仔细细地擦干，然后给他一件一件地穿上衣服，小男孩就在邻居的围观下"焕然一新"了。我问大姐："他六岁了，不会自己穿衣服？"大姐说："他会，他什么都会，我就是想伺候他。"洗好的小男孩被姐姐带回屋，大姐又把儿子的鞋浸进废水里，用力刷洗起来，直到刷得看不出一点污垢。

小男孩的身上有一些伤疤，分布面积挺大，脱掉衣服后看起来非常明显。我问大姐这是怎么回事，大姐说，这就是三年前在北京受的伤。那个时候，村子后面的山上驻扎着部队搞军事演习，留下了没爆炸、也可能是爆炸不完全的手榴弹——不知道怎么回事，和其他废品一起被捡了回来。儿子在废品堆里找东西玩，意外引爆了手榴弹，全身炸伤，流了很多血。大姐说当时"吓死了！急死了！"，马上送儿子到附近的大医院急诊，好在最后脸上没有留下什么疤痕。

其实我一直感觉大姐有点偏心，好像总是对儿子更好。也许，这个故事部分解释了为什么大姐对儿子格外宠爱。另外,这个故事也道出了大姐和废品的"渊源"。

实际上,有好几次我问大姐是做什么的,她都没有正面回答。她常提到老公是搞拆迁的,但很少说自己在做什么。我有时候会看见她踩着三轮车出门,跟她打招呼,她也只是跟我短暂地对视,客气地点点头,就看着别的地方骑车走了。后来,她才告诉我:"我啊,平时什么也不干,很闲,有时候没事了(停顿)……就会出去捡破烂儿呗(语速很快,一笔带过)。但是捡得不多,有时候想捡就捡点,不想了就少捡点,或者不出去。"

她确实不像其他人那样,每天从早到晚地干活儿。对于捡垃圾,她更像是随性而为之,有时躺到很晚才起床(相比于她的邻居),慢悠悠地做一点饭,中午或下午才出门,捡到点什么当即卖掉,然后就回家了。和院落里其他住户相比,她的货也不多,没见有过大量囤积,有点什么,总是很快就脱手卖掉。见到她的大部分时间,她老公都不在,是她一个人。无论是工作还是休息,虽然她打扮时尚,但总是略带慵懒、百无聊赖的样子,和身边那些勤勤恳恳地拼命卖力工作、收工后兴致勃勃地大开玩笑的四川人比起来,她常常显得有点颓废,兴致不太高。只有孩子在身边,她才精神得像是换了个人一样。

其实，提到家人，她还跟我有过一次"掏心窝"的谈话。那次，讲到了家乡，讲到了家人。她说父母去世早，那时她还很小，但是她爸爸给她讲过很多故事，令她记忆深刻。她说爸爸曾经是军人，打过仗，我问她什么仗，她却说不清楚，只知道爸爸常跟她说自己在战场上九死一生，最后躲在马肚子的后面死里逃生的故事。现在父亲不在了，但是留下来好多纪念章。父母去世，不多的东西都留给了兄弟姐妹，她说，她就要那些徽章。我忍不住脱口而出："那现在可值钱了！"她看了我一眼，说："我爸的东西，我怎么能卖！"

我后来很少见到老乡大姐一家，拆迁的活儿有时候比较远，他们就不常回来。我也没有看见两个孩子，只是有次听院子里的人议论说，老乡大姐的姐姐，有一天出门骑着三轮车捡垃圾，被汽车给撞了，人应该是没什么大事。院子里的大人们用这件事反复教育着孩子："要注重交通规则，知道不？红灯停，绿灯行……"只是这些孩子住在村子里，每天上学会搭校车去附近的一所打工子弟小学，平时几乎不会去城里玩，所以实践这个交通知识的机会并不多。

对于老乡大姐而言，老家已经没什么人了。嫁给四川人，住在四川人的院子里，说着四川话，煮着川味食物，先是住在河南，现在常年住在北京，偶尔"回家"也是回老公家，已经"日久他乡是故乡"了。不愿意和我认老乡，大概另有一番说不出的尴尬。她可能是有点介意自己"捡破烂儿"这件事，尤其是不想让我这个"老乡"知道。也可能是出来闯荡多年，格外地警惕和小心。她也不像其他人那样努力地积攒着废品、积攒着收入；在这个院子里，她总是懒洋洋的、无精打采的、不情愿的。他的姐夫也总是很沉默，话不多，甚至有点阴郁木讷，不像他的四川邻居们那样开朗活泼。我们不知道她的慵懒、无聊、没精神的背后，有多少不足为外人所道的孤独、忧愁、无奈和辛酸。她的时尚打扮，让她在这个院子里多少有点"鹤立鸡群"，和满眼的垃圾格格不入。她昂着头，高跟鞋踩过垃圾场，就像是冷水村这个多元区域的绝妙隐喻，令人觉得超现实，又难以言喻的逼真。

结　语
废品生活

　　本书追踪垃圾如何被城市排除至城乡接合部，从消费者手里来到拾荒者的大院中，呈现拾荒者与他们的家庭故事，以及废品在这个过程中如何生产新的社群和非农非城的空间。事实上，在北京的城乡接合部还有200多个"冷水村"，这些村子里栖息着成百上千个大大小小的拾荒家庭和废品收购站点。全中国还有成千上万个这样的区域和家庭环绕着大城市。这些家庭和废品回收再造产业，共同构成一个巨大的、动态的却不为人知的网络，消纳着来自城市的垃圾，维持着、界定着、建构着城市生活便捷、卫生、稳定的物质流，以及高速的发展、城市的现代性。

　　这本书就像一部以文字为载体的影片，我们用平视的、细腻的镜头，呈现这个群体的日常点滴和内心独白。镜头一开始聚焦一个个以废品为业的家庭，为读者呈现他们如何通过垃圾在城市中谋求生路。废品的非正式经济，为他们打开了一个机会的空间，然而要在这个领域获利，还需要精明的策略、经验的积累。在接续的篇章（第二部分），镜头被稍微拉远，一个由许多拾荒者家庭共同组成的社群，呈现在读者面前。"大院"既是他们居住的空间，也是他们工作的场所。他们不但在大院里处理垃圾，还在大院里养儿育女，他们甚至结成"组装家庭"，努力地在城市里建立自己的生活。然而，与这个现实空间平行并存的，是一个想象的空间，即"老家"。老家建构了他们独特的生活和社会意义——垃圾污染着这个暂时的、肮脏的家园，老家则是洁净的、最终的归宿。在第三部分，镜头焦距被进一步拉远。一个个垃圾场、废品收购点的所在地——地处城乡接合部的超真实村子"冷水村"出现在镜头前，这个空间每天接纳着城市排出来的垃圾，也容留着故事里的主人公们。在这个部分，进入镜头的人物不仅有收废品人，还有他们的邻居、老乡，和共同栖居在这个空间的其他人。

　　经济、社会和空间三个角度，就像是三束探照的灯光，穿透所有的影像。虽然不同的人物被纳入不同的篇章，实际上他们相互呼应，都围绕着废品、生活，和我们的城市化。

在故事中，读者还能读到他们每天处理垃圾的具体而细微的经验，他们的家庭如何围绕垃圾的买卖而重新组织，以及他们如何在和垃圾打交道的过程中重建自己的尊严。

当然，本书所呈现的只是这个网络的一个细部。这个微型的拾荒社群处于怎样的更大的网络中，如何与更大的政治和经济部门互动，尚未呈现在镜头中。我们期待有更多的研究，可以探索有关垃圾在现代城市中的全部图景。

故事走到结尾，理论告一段落。当然，书中人物的真实生活不会停止，更重要的是废品也不会停止流动。我们所能捕捉到的，只是收废品人和废品共处的几个短暂片段。大城市每天产生的垃圾，以后还会吸引多少如小玲、丽雨这样的年轻姑娘，带着嗷嗷待哺的幼儿，从农村老家搬到大城市的郊区？我们毫不吝啬地扔掉的衣服鞋袜，还会继续流进像冷水村一样的城乡接合部，可谁会想到，这些垃圾竟然关系到如马大姐和老乡大姐这样的收废品女性的一种矛盾的骄傲？我们随手丢掉的一次性塑料水瓶和餐具堆积如山，但没有人想到它们会跟年轻人小张的创业梦交织在一起；也没有想到它们会变成这个城市的歧视符号，使得王大哥劳累一生，却只能在老家县城的楼房重拾自尊；城市里每天盖新房、装修房子所产出的废料太多，看着都很脏很乱，但是这些废品吸引着许多像图大爷、宋师傅和程大叔这样的人逃离当时千疮百孔的农村，也使得他们随时被怀疑为黑心商贩；最后，大家都没有想到，我们的生活垃圾，组成了许多像大熊、星星、李涵般在废品场长大的小孩最独特的童年记忆。

　　以后，我们在抛弃垃圾前，或许可以思考垃圾顽强的生命力，还有它们如何被回收、变作废品，而废品的流动如何转介（mediate）当代中国的城乡断裂，参与性别、阶级的权力关系，以至城乡二元身份的建构。最后，我们也能思考废品如何一直在默默暗示，却强而有力地形成我们的城市化生活、空间、文化和每天的消费与丢弃实践。

参考文献

Adama, Onyanta. 2014. "Marginalisation and Integration within the Informal Urban Economy: The Case of Child Waste Pickers in Kaduna, Nigeria." *International Development Planning Review* 36(2): 155–180.

Bach, Jonathan. 2010. "'They Come in Peasants and Leave Citizens': Urban Villages and the Making of Shenzhen, China." *Cultural Anthropology* 25(3): 421–458.

Baudrillard, Jean. 1994. *Simulacra and Simulation*. Translated by Shelia Faria Glaser. Ann Arbor: University of Michigan Press.

Bennett, Jane. 2010. *Vibrant Matter: The Political Ecology of Things*. Durham: Duke University Press.

Bourdieu, Pierre. 1984. *Distinction: A Social Critique of the Judgment of Taste*. Massachusetts: Harvard University Press.

Dong, Madeleine Yue. 2003. *Republican Beijing: The City and Its History*. Berkeley: University of California Press.

Douglas, Mary. 1966. *Purity and Danger: An Analysis of Concepts of Pollution and Taboo.* London: Routledge.

Goldstein, Joshua. 2006. "The Remains of Everyday: One Hundred Years of Recycling in Beijing." in *Everyday Modernity in China,* edited by Madeline Yue Dong and Joshua Lewis Goldstein, pp.260–302. Seattle: University of Washington Press.

Harvey, David. 1991. *The Condition of Postmodernity: An Inquiry to the Origins of Cultural Change.* Oxford: Blackwell.

Hawkins, Gay. 2005. *The Ethics of Waste: How We Relate to Rubbish.* Lanham, MD: Rowman & Littlefield.

Hawkins, Gay, and Stephen Muecke (eds). 2003. *Culture and Waste: The Creation and Destruction of Value.* Lanham, MD: Rowman & Littlefield.

Hayami, Yujiro, A. K. Dikshit, and S. N. Mishra. 2006. "Waste Pickers and Collectors in Delhi: Poverty and Environment in an Urban Informal Sector." *Journal of Development Studies* 42(1): 41–69.

Kennedy, Greg. 2007. *An Ontology of Trash: The Disposable and Its Problematic Nature.* Albany, NY: State University of New York Press.

Latour, Bruno. 1988. *The Pasteurization of France.* Cambridge, MA: Harvard University Press.

Latour, Bruno. 2005. *Re-assembling the Social: An Introduction to Actor-Network-Theory.* Oxford: Oxford University Press.

Lefebvre, Henri. 1991. *The Production of Space.* Translated by Donald Nicholson Smith. Oxford: Blackwell.

Little, Walter. 2004. *Mayas in The Market Place: Tourism, Globalization, and Cultural Identity.* Austin: University of Texas Press.

Liu, Yuting, Shenjing He, Fulong Wu, and Chris Webster. 2010. "Urban Villages under China's Rapid Urbanization: Unregulated Assets and Transitional Neighborhoods." *Habitat International* 34: 135–144.

Machado-Borges, Thais. 2010. "'I Am Not a Garbage Woman: I'm a Scavenger of Recyclable Material!': Women, Waste and Work in Southeastern Brazil." *Annales N.E* 13: 119–152.

Medina, Martin. 2007. *The World's Scavengers: Salvaging for Sustainable Consumption and Production.* Lanham, MD: AltaMira Press.

Merleau-Ponty, Maurice. 1962. *Phenomenology of Perception.* Translated by Collin Smith. New York: Humanities Press.

Sasaki, Shunsuke, and Tetsuya Araki. 2013. "Employer-Employee and Buyer-Seller Relationships among Waste Pickers at Final Disposal Site in Informal Recycling: The Case of Bantar Gebang in Indonesia." *Habitat International* 40: 51–57.

Sasaki, Shunsuke, Tetsuya Araki, Armansyah Halomoan Tambunan, and Heru Prasadja. 2014. "Household Income, Living and Working Conditions of Dumpsite Waste Pickers in Bantar Gebang: Toward Integrated Waste Management in Indonesia." *Resources, Conservation and Recycling* 89: 11–21.

Strasser, Susan. 1999. *Waste and Want: A Social History of Trash.* New York: Metropolitan Books.

Taussig, Michael. 2003. "Miasma." in Gay Hawkins and Stephen Muecke (eds), *Culture and Waste: The Creation and Destruction of Value*, pp. 9–24. Lanham, MD: Rowman & Littlefield.

Wilson, C. David, Costas Velis, and C. Cheeseman. 2006. "Role of Informal Sector Recycling in Waste Management in Developing Countries." *Habitat International* 30: 797–808.

Wu, Fulong, Chris Webster, Shenjing He, and Yuting Liu. 2010. *Urban Poverty in China*. Cheltenham: Edward Elgar.

Zhang, Li. 2001. *Strangers in the City: Reconfigurations of Space, Power, and Social Networks within China's Floating Population*. Stanford, CA: Stanford University Press.

Zhang, Li, X. B. Zhao, and J. P. Tian. 2003. "Self-Help in Housing and Cheng-zhongcun in China's Urbanization." *International Journal of Urban and Regional Research* 27(4): 912–937.

鲍曼·齐格蒙特，2006，《废弃的生命：现代性和其弃儿》，南京：江苏人民出版社。

陈伟东、李雪萍，2002，《自治共同体的权利认同：对一个拾荒者小区的考察》，《当代世界社会主义问题》第73卷第3期，第28—39页。

陈岳鹏、刘开明，2007，《深圳拾荒人权调查》，《南风窗》第16期，第54—56页。

葛蓓蓓，2010，《城市拾荒农民工的地位及其在城乡经济发展中的作用》，《农业现代化研究》第31卷第2期，第152—155页。

郭素荣、陈宗团，2000，《论拾荒者在我国垃圾分类收集中的作用和意义》，《环境保护》第3期，第37—40页。

黄宗智，2008，《中国的小资产阶级和中间阶层：悖论的社会形态》，《领导者》第22期，第55—64页。

黄宗智，2009，《中国被忽视的非正规经济：现实与理论》，《开放时代》第2期，第51—73页。

罗芳，2007，《外来农民工家乡汇款的影响因素及动机分析：以湖北省武汉市为例》，《中国农村经济》，第49—56页。

陆学艺，2005，《陆学艺文集》，上海辞书出版社。

马杰伟，2006，《酒吧工厂：南中国城市文化研究》，南京：江苏人民出版社。

孟祥远、吴炜，2012，《城市拾荒者的社会流动与生存抗争》，《前沿》第22期，第324—325页。

明娟、曾湘泉，2014，《农村劳动方外出与家乡住房投资行为：基于广东省的调查》，《中国人口科学》，第110—128页。

申恒胜，2013，《关系与生存：拾荒者的社会行为和生存方式》，《经济研究导刊》第19期，第89—90页。

孙立平，2004a，《失衡：断裂社会的运作逻辑》，北京：中国社会科学院出版社。

孙立平，2004b，《断裂：二十世纪九十年代的中国社会》，北京：社会科学文献出版社。

陶友之，2007，《"拾荒"和"收废"者是实施循环经济的一支重要力量：以上海为例》，《探索与争鸣》第6期，第44—46页。

项飚，2000，《跨越边界的社区：北京"浙江村"的生活史》，北京：生活·读书·新知三联书店。

张登国，2007，《透视城市拾荒者》，《西北人口》第28卷第4期，第9—13页。

张上翔，2007，《重视拾荒者的"草根"价值和诉求》，《资源再生》第10期，第63页。

赵泽洪、宋赟、刘琼，2005，《重庆拾荒者现象及其对策研究》，《重庆大学学报（社会科学版）》第11卷第4期，第7—10页。

周大鸣、李翠玲，2007a，《垃圾场上的空间政治：以广州兴丰垃圾场为例》，《广西民族大学学报（哲学社会科学版）》第29卷第5期，第31—36页。

周大鸣、李翠玲，2007b，《拾荒者的小区生活：都市新移民聚落研究》，《广西民族大学学报（哲学社会科学版）》第29卷第6期，第50—54页。

周大鸣、李翠玲，2008，《拾荒者的小区工作：都市新移民聚落研究》，《广西民族大学学报（哲学社会科学版）》第30卷第1期，第36—42页。

周大鸣、周建新、刘志军，2007，《"自由"的都市边缘人：中国东南沿海三公研究》，广州：中山大学出版社。

周燕芳、熊惠波，2011，《垃圾拾荒者经济贡献核算：以北京市为例》，《安徽农业科学》第7期，第4246—4248页。